Ricardo Mansur

BLOCKCHAIN E DISTRIBUTED LEDGER TECHNOLOGIES (DLTS):

Desafios e Oportunidades

EDITORA CIÊNCIA MODERNA

Blochchain e Distributed Ledger Technologies (DLTs): Desafios e Oportunidades

Editor: Paulo André P. Marques
Produção Editorial: Dilene Sandes Pessanha
Capa: Daniel Jara
Diagramação: Daniel Jara
Copidesque: Equipe Ciência Moderna

FICHA CATALOGRÁFICA

MANSUR, Ricardo.

Blochchain e Distributed Ledger Technologies (DLTs): Desafios e Oportunidades

Rio de Janeiro: Editora Ciência Moderna Ltda., 2019.

1. Informática
I — Título

ISBN: 978-85-399-1077-9 CDD 001.642

Editora Ciência Moderna Ltda.
R. Alice Figueiredo, 46 – Riachuelo
Rio de Janeiro, RJ – Brasil CEP: 20.950-150
Tel: (21) 2201-6662/ Fax: (21) 2201-6896
E-MAIL: LCM@LCM.COM.BR
WWW.LCM.COM.BR

09/19

Dedicatória

Uma vez Shakespeare disse que a vida é tão curta que deveria ser feita só de momentos de prazer.

Dedico esta obra aos meus pais e amigos que possibilitaram os bons momentos da minha vida.

Agradecimentos

Agradeço aos meus pais e professores pelo empenho na educação formal e preparação para a vida, aos meus amigos que me ajudaram nesta caminhada e a Deus pela força de vontade para superar os desafios da vida.

Nota do Autor

Esta obra foi desenvolvida para ser um livro digital interativo com o leitor. O autor usou o estratagema de combinar a conceituação das ideias com os exemplos práticos de mercado citados nas centenas de artigos pesquisados. O leitor pode navegar nas referências para entender como as ideias apresentadas são corroboradas pelo mercado brasileiro. É importante neste ponto alertar ao leitor que todas as URLs (Uniform Resource Locator) citadas são de propriedade de terceiros e podem ser, portanto, descontinuadas sem aviso prévio algum. O autor reconhece que este risco é real, mas enfatiza que o leitor não perde conceituação alguma das ideias apresentadas na obra com a descontinuação dos exemplos. O objetivo da digitalização interativa é dar ao leitor a oportunidade de variar o conteúdo conforme o seu foco de interesse no momento específico da leitura. Não existe necessidade alguma de navegar em todos os endereços citados. As releituras do trabalho são mais interessantes por conta das variações de foco pelas várias alternativas oferecidas de interação dinâmica.

Nota do Autor

Sobre o Autor

Ricardo Mansur escreveu mais de trinta livros sobre governança e negócios digitais. Nos últimos anos ele vem desenvolvendo importantes trabalhos sobre criptomoedas e Distributed Ledger Technologies (DLTs). O autor trabalha com vigor para compartilhar as suas descobertas e conhecimentos sobre as DLTs com os empreendedores brasileiros. As suas apresentações sobre Inteligência Artificial, Fintechs, Business-Defined IT, Indústria 4.0 e Organizações Exponenciais vêm permitindo que milhares de profissionais descubram o funcionamento dos mercados na era pós-digital.

Prefácio

Desde o ano de 2015, o mundo vem vivendo um processo silencioso de evolução do mecanismo de trocas existentes. A necessidade das pessoas de conhecerem e entenderem a origem dos recursos movimentados nas transações financeiras está crescendo exponencialmente. Os consumidores não querem apenas comprar uma roupa ou um pacote de carne. Eles querem, mais do que nunca, transacionar com instituições que respeitam os valores éticos e morais da sociedade. Em 2017, a maioria dos consumidores não comprava perfumes que foram testados em animais.

As pessoas não querem levar para casa uma roupa produzida com trabalho escravo ou com agressão ao meio ambiente. Cada vez mais os clientes querem conhecer toda a cadeia produtiva dos produtos e serviços oferecidos. É muito fácil perceber que este fenômeno desembarcou no Brasil no primeiro semestre do ano de 2017. Os malfeitos realizados pela empresa JBS geraram uma onda de boicote aos seus produtos.

Foi afirmado que a JBS deixou de imprimir o nome da marca na etiqueta de seus produtos.

Fonte: JBS apaga associação com a marca Friboi em embalagens de produtos, http://www1.folha.uol.com.br/mercado/2017/06/1893662-jbs-apaga-associacao-com-a-marca-friboi-em-embalagens-de-produtos.shtml, acessado em 01/07/2017

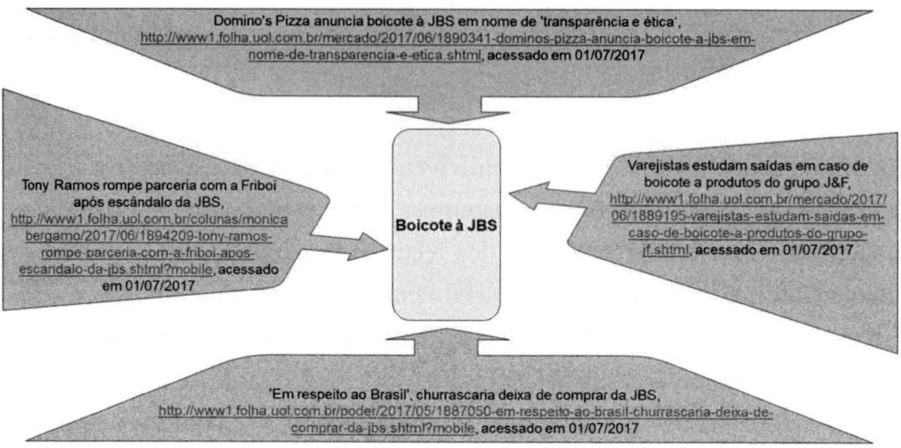

Nas operações financeiras, a busca pela transparência e ética está presente com muita intensidade nos vários mercados. Existe um claro desejo de fazer acontecer em âmbito mundial os programas contra fraudes financeiras como o antilavagem de dinheiro.

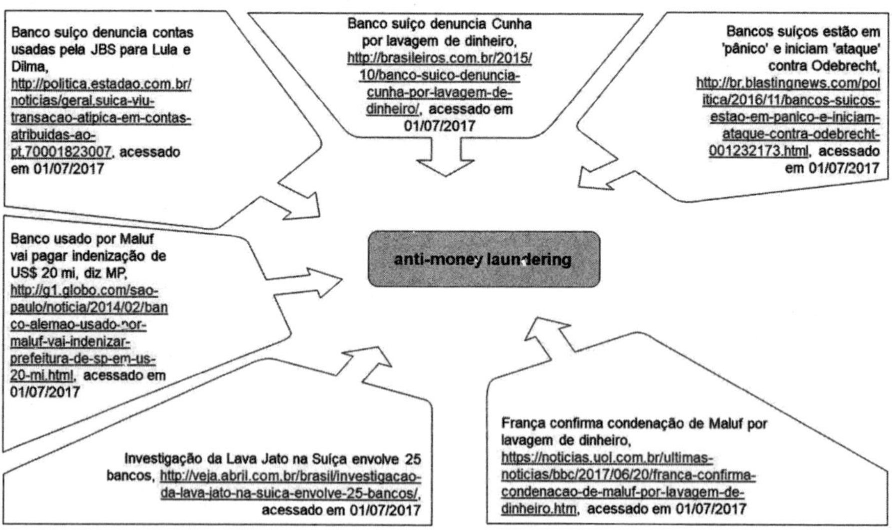

A sociedade mundial percebeu que o mundo será melhor e mais seguro com a extinção de paraísos fiscais. Combater fraudes financeiras significa registrar de forma indelével todas as movimentações e rastrear todas as transações. É neste novo formato do ambiente de negócios que a sociedade deseja trabalhar. Acabou a era de contas bancárias numeradas que eram movimentadas por códigos secretos. Os bancos vêm denunciando as fraudes para a justiça em diversos países.

Foi revelado que a Justiça de Jersey, determinou a devolução de dinheiro desviado durante a gestão do prefeito Paulo Maluf.

Fonte: Jersey culpa Maluf e determina devolução de dinheiro desviado, http://g1.globo.com/sao-paulo/noticia/2012/11/justica-de-jersey-condena-empresas-devolver-dinheiro-desviado-em-sp.html, acessado em 01/07/2017

Para endereçar as atuais necessidades de registro indelével e de transparência várias corporações estão avaliando a viabilidade técnica e econômica do livro-razão distribuído e compartilhado.

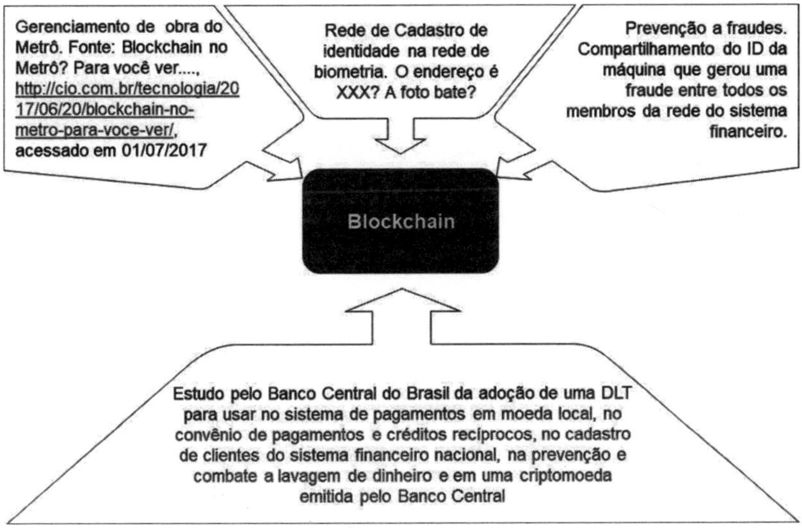

Sumário

Capítulo 1

DLTs na pós-negociação de títulos

A nova tecnologia de informações e comunicações vem transformando a forma como as pessoas interagem umas com as outras desde o ano de 2006. Entre 2006 e 2016, estas mudanças não provocaram mudanças significativas nas operações do mercado financeiro e os intermediários e as infraestruturas tradicionais que reinavam nas diversas bolsas de valores e mercadorias para o estabelecimento e liquidação das transações usavam bancos de dados proprietários que não se comunicam uns com os outros.

Até o ano de 2016, as Distributed Ledger Technologies (DLTs) eram usadas apenas no universo das moedas virtuais e a tecnologia permitia o compartilhamento de um banco de dados comum entre os usuários. Em 2017 as DLTs são utilizadas com sucesso em vários mercados de títulos de renda fixa e variável. A adoção das DLTs pode tornar os processos das transações realizadas no sistema financeiro mais eficiente e podem impactar a operação dos atuais intermediários financeiros.

O objetivo do autor é analisar como a adoção dos recursos principais das DLTs influi nas operações das instituições financeiras e como o uso destas tecnologias afetam os negócios realizados nas diversas bolsas de valores no Brasil. Atualmente as bolsas e seu respectivo ecossistema liquidam as transações com base na infraestrutura que foi desenvolvida para endereçar as regras e padrões técnicos do negócio.

A tendência atual de integração das bolsas nacionais com as estrangeiras revela que este mercado atravessará por várias mudanças nos próximos anos (a intensidade da mudança é consequência direta do nível de integração com os demais agentes de mercado). O artigo "Como uma pequena empresa está complicando a vida da Bovespa" (http://exame.abril.com.br/revista-exame/como-uma-pequena-empresa-esta-complicando-a-vida-da-bovespa/, acessado em 25/07/2017) revelou o nascimento de um concorrente com participação acionária da bolsa de Nova York para a bolsa BM&F Bovespa.

Em um ambiente de negócios integrado, os correspondentes bancários, as câmaras de compensação e liquidação de títulos e valores mobiliários, os gestores das garantias fiduciárias, os intermediários dos acordos, as centrais depositárias dos títulos e os fiéis depositários das operações passam a interagir uns com os outros. A atual falta de interoperabilidade dos bancos de dados proprietários está contribuindo para o crescimento contínuo de silos de registos digitais e está limitando a capacidade de processamento em tempo real das operações.

O uso destes registos aumenta os riscos operacionais das bolsas e contribui para o crescimento contínuo dos bancos de dados proprietários. A consequência para o negócio é o impedimento do uso eficiente das garantias das operações e a limitação do compartilhamento do risco potencial da transação com os investidores, por causa do elevado custo de acesso aos títulos e certificados entre todos os envolvidos.

A adoção das DLTs pelas instituições financeiras permite tanto o compartilhamento da representação digital dos ativos, como o rastreamento completo da execução da transação (compensação e liquidação e estabelecimento dos termos de propriedade do título). A execução dos processos é realizada sem a necessidade de registro da operação em um banco de dados proprietário e sem o envolvimento de um sistema de gestão centralizado do banco de dados.

As DLTs são capazes de resolver várias das falhas identificadas nos processos de negociação das bolsas. Infelizmente, várias das tecnologias ainda estão na fase inicial do seu desenvolvimento e por isto é impossível afirmar quais deles irão prevalecer no futuro. Não é possível, afirmar neste momento, quais tecnologias serão largamente adotadas pelo mercado financeiro nos próximos anos e tampouco é possível afirmar se a adoção destas tecnologias vai resolver as ineficiências do mercado. O objetivo é avaliar alguns aspectos dos modelos das DLTs que podem influir na sua adoção futura pelos membros da cadeia de valor do mercado financeiro e discutir o impacto que as DLTs podem ter nas bolsas de valores brasileiras.

O livro-razão descentralizado pode ser acessado ou por todos os usuários, ou por um conjunto restrito de participantes autenticados. Ou todos os usuários podem acessar o conteúdo publicado no livro-razão, ou apenas um conjunto dos participantes da rede pode acessar o conteúdo privado. Os engenheiros desenvolvedores das DLTs estão trabalhando em uma versão do livro-razão onde as informações podem ser acessadas apenas pelos usuários autorizados pela conta do administrador e por um ou mais supervisores.

As restrições para o acesso, a atualização, a validação da atualização e a leitura das informações armazenadas no livro-razão constituem um fator decisivo para determinar se as DLTs podem ser adotadas em um ambiente empresarial crítico como as bolsas de valores.

As tecnologias de restrições de acesso e os contratos inteligentes endereçam as necessidades das instituições financeiras e permitem a evolução da segurança, eficiência e confiabilidade dos processos de negócio das bolsas de valores nacionais. Em outras palavras, o debate sobre as DLTs não pode ser focado na tecnologia nem a tecnologia pode ser disruptiva para o negócio das bolsas de valores. É preciso que exista um claro entendimento que, independente da tecnologia, existem funções na negociação dos títulos que precisam ser realizadas pelas instituições financeiras.

Isto significa em outras palavras que existem limites para a disrupção gerada pelas DLTs, pois algumas funções realizadas pelas bolsas de valores são fortemente regulamentadas. Um exemplo nítido destas regulamentações são as funções realizadas pelos cartórios. As funções realizadas pela câmera de compensação dos títulos continuarão sendo realizadas para que os pagamentos derivados dos títulos sejam realizados e recebidos pelas partes envolvidas. Caso os contratos inteligentes sejam adotados amplamente, os intermediários financeiros como os agentes de custódia serão redundantes e desaparecerão.

A adoção das DLTs pode ocorrer através de caminhos diferentes, conforme as decisões estratégicas tomadas pelos agentes de mercado e conforme o papel definido para as instituições públicas (legislador ou regulador ou catalisador). A indústria financeira é uma indústria em rede. Atualmente existem várias barreiras legais e operacionais que estão dificultando, atrasando e atrapalhando o processamento das transações.

A adoção das DLTs somente ajudará no endereçamento dos atuais defeitos identificados no processo dos negócios realizados nas bolsas de valores se ocorrer a adequada padronização técnica das tecnologias e se todos os participantes do mercado estiverem sujeitos as mesmas regras e aos mesmos objetivos de governança. Caso contrário, as tecnologias proprietárias podem levar as transações das operações de negócio para um nível mais eficiente dentro das instituições financeiras.

Até o momento nem os agentes de mercado nem as DLTs perceberam que o pagamento de uma transação nas bolsas pode estar conectado com o título adquirido. Atualmente é possível especular contra o banco central ou um determinado papel ou uma determinada posição trabalhando com o valor atual disponível do caixa registrado no livro caixa distribuído, por causa do prazo de compensação das transações nas bolsas de valores.

Quando for regulamentada a atualização dos processos do modelo, atualmente em uso de delivery-versus-payment (DVP), os caminhos para a especulação sem ter dinheiro estarão bloqueados por conta da redução do prazo para a liquidação das transações.

Os termos dos acordos para a supervisão e estabilidade financeira dos bancos comerciais têm diversas limitações por causa dos riscos de falência dos bancos. A transparência é fundamental tanto para que inexistam dúvidas sobre a situação legal do livro-razão, como para exequibilidade jurídica dos contratos inteligentes, como para a validação jurídica usada no método de autenticação dos usuários. Em resumo, as DLTs precisam endereçar no curto prazo os seguintes aspectos:

- Aumentar o nível de maturidade da tecnologia
- Melhorar o nível de transparência da governança do sistema
- Ampliar o nível de entendimento das operações realizadas
- Aumentar a abrangência do entendimento dos aspectos legais das transações realizadas
- Melhorar o nível de convivência do sistema com as funções que não automatizáveis e que continuarão a fazer parte do processo

É muito provável que as DLTs encontrem o seu caminho nos principais mercados mundiais através de mudanças graduais nos processos. É pouco provável que ocorra uma revolução no mercado.

As tecnologias de livro-razão descentralizado permitem que os usuários alterem os registos em um banco de dados compartilhado, sem precisar de um sistema de validação centralizado que impõe processos e padrões proprietários para todos. Um banco de dados descentralizado pode ser utilizado pelos membros da cadeia de valor do mercado financeiro para criar um livro-razão distribuído que estabelece as regras para as transações (por exemplo, transações com títulos da dívida pública ou privada) para um conjunto determinado de ativos e seus respectivos proprietários.

Neste momento, o estabelecimento das regras para as operações nas bolsas de valores está fortemente relacionado tanto com os sistemas legados, como com a infraestrutura tecnológica. Estes pilares são dois dos principais fatores críticos de sucesso para o desenvolvimento das regras e padrões dos negócios.

A adoção das DLTs permite que os membros da cadeia de valor do sistema financeiro estabeleçam uma representação digital dos ativos e rastreiem por completo tanto o estabelecimento, como a realização, como a liquidação dos acordos comerciais independentemente do legado registrado nos bancos de dados proprietários e sem o envolvimento de um sistema central de administração do banco de dados garantidor da segurança, eficiência e conformidade regulatória. É uma mudança revolucionária que ainda precisa ser viabilizada pelas instituições financeiras envolvidas.

Os bancos de dados distribuídos que estão sendo atualmente usados pelas organizações permitem que os usuários autorizados leiam os registros das cópias (estão armazenadas em vários locais) do banco de dados mestre. As transações, ou seja, todas as operações que exigem atualizações do banco de dados mestre demandam que as mesmas sejam submetidas ao sistema de validação que é executado pelo sistema central da administração do banco de dados.

A adoção das DLTs faz com que os usuários possam trabalhar com um banco de dados compartilhado que eles podem confiar para registrar a transferência dos ativos e para realizar atividades adicionais relacionadas com os ativos envolvendo diversas entidades (por exemplo, serviços de negociação ou liquidação das transações).

Os usuários podem propor novas transações e dependendo do enfoque eles podem ou contribuir para a validação coletiva de todas as transações ou serem responsáveis por um conjunto delas. Nos dois casos, uma transação é validada quando é alcançada uma posição de consenso em relação a sua legitimidade pela rede de validadores.

As mudanças que forem realizadas no banco de dados compartilhado central aparecem instantaneamente nas cópias quando as validações das alterações são realizadas com as assinaturas digitais das validações. Os usuários podem extrair dos bancos de dados armazenados, localmente, as informações necessárias atualizadas para realizar os seus negócios.

Especificações das tecnologias do livro-razão distribuído

As DLTs permitem que os usuários acessem e armazenem as informações dos ativos e respectivos proprietários em um banco de dados compartilhado de transações. Após a liquidação das transações, o saldo das contas dos envolvidos é atualizado e é registrado e armazenado no bando de dados. Estas informações são distribuídas entre os usuários, que podem usá-las para realizar transferências de títulos e valores em dinheiro, sem a necessidade de acreditar em um sistema de validação central.

No mercado financeiro, a desmaterialização dos títulos físicos e saldos das contas (observação: existem mercados que exigem certificados físicos. Os certificados são armazenados em fiéis depositários que estão conectados com sistemas que executam digitalmente a transferência de posse) está gerando a migração dos documentos em papel para um banco de dados digital compartilhado.

Neste cenário, existe a necessidade de uma autoridade que é responsável tanto pela manutenção do armazenamento dos registros das transações, como pela sua disponibilização para as infraestruturas do mercado financeiro e dos intermediários que estão envolvidos no processamento dos acordos para a atualização dos bancos de dados através da comunicação com as outras instituições envolvidas nos diversos níveis operacionais. O objetivo é que todos os bancos de dados reflitam as mudanças que foram registradas.

O custo deste processo de reconciliação é bastante alto, e por isto, diversos membros da cadeia produtiva do sistema financeiro estão avaliando a tecnologia de livro-razão distribuído por instituição ou por grupo de instituições como uma alternativa em relação ao atual sistema de validação central usado para manter os registos atualizados.

O compartilhamento de um banco de dados sem um sistema da validação centralizado pode criar diversas dificuldades quando os usuários têm conflitos de objetivos. Por cauda da latência da comunicação em uma rede, um usuário inescrupuloso pode fazer com que a outra parte da transação acredite que o título ou valor em dinheiro está creditado na sua conta, ao mesmo tempo em que os outros usuários enxergam estes mesmos ativos sendo registrados em outra conta que pertence a um usuário inescrupuloso ou ao um terceiro usuário (tal situação não acontece quando é utilizado dinheiro físico na realização da transação ou quando existe uma autoridade central que é responsável pela autorização da operação. No caso de dinheiro físico, ele não pode ser replicado para ser utilizado em uma segunda transação, e no caso da existência de uma autoridade central, validadora da transação, ela rejeita a segunda operação).

O mesmo efeito indesejável, de duplo gasto do mesmo dinheiro, pode acontecer quando ocorrer uma distorção na entrada de informações por um usuário legítimo resultando em informações inconsistentes que são registradas nas cópias do livro-razão utilizadas pelos usuários. Antes que todas as cópias do livro-razão sejam reconciliadas, o beneficiário de uma transação pode realizar erroneamente uma transferência que parece ser uma entrega contra o pagamento. Isto significa que existe a necessidade de estabelecer um mecanismo que evite tais erros e estabeleça a coerência de todas as cópias do livro-razão.

As DLTs permitem que os usuários alcancem uma posição de consenso sobre a versão específica do livro-razão distribuído em relação a uma particular ordem sequencial das transações. Em outras palavras, não podem existir dúvidas sobre os ativos que cada um dos usuários possui.

A validação central é substituída no caso das DLTs por um conjunto de soluções de criptografia e incentivos monetários que evitam tanto as atualizações erradas, como as discrepâncias de reconciliações. O livro-razão produzido neste contexto, possui informações completas e acuradas sobre as transações realizadas e o seu gerenciamento é compartilhado entre os usuários com objetivos conflitantes.

As especificações de uma DLT determinam a sua capacidade para realizar as atividades que são atualmente executadas pelas infraestruturas e intermediários do mercado financeiro e que são necessárias para assegurar a fé pública. A capacidade de uma DLT de executar as atividades do serviço de registro e fiel depositário, de compensação, de cartório, de realização da custódia de uma transação etc. depende da sua especificação técnica e operacional e independe da entidade que realiza as tarefas operacionais e executa as ações de conformidade determinadas pelas regulamentações.

As DLTs que conseguirem endereçar todas as regulamentações do mercado na execução das atividades operacionais vão tornar redundantes as instituições que atualmente são responsáveis pela realização destas tarefas. Serão os incentivos econômicos e os projetos técnicos que determinarão quais dos validadores atuais irão sobreviver.

As especificações de uma DLT estão relacionadas com a participação no livro-razão (restrita ou irrestrita), método de validação (alocação dos votos para os usuários) e estrutura dos dados do banco de dados compartilhado (como são tratadas as saídas das transações que não são entradas de outra transação no livro caixa). O termo *Blockchain* é usado para a estrutura do banco de dados que é atualizado somente pela inclusão de um novo bloco de transações válidas que estão conectadas com as transações anteriores.

O protocolo de uma DLT pode ser projetado como uma posição de consenso que é alcançada através das transações envolvidas com as saídas das transações que não são entradas de outra transação, por exemplo, o conjunto de ativos disponível para o iniciador de uma transação. Outras DLTs são conhecidas como livro-razão consensual porque elas não mantêm o rastro do histórico das transações e operam com base no consenso alcançado nas contas do livro--razão que é atualizado com novas transações a cada ciclo de validação.

Os contratos inteligentes possuem atualizações executadas automaticamente que estão armazenadas no livro-razão compartilhado. As ordens são disparadas por eventos específicos que podem acontecer dentro ou fora do livro-razão. Os contratos inteligentes são entendidos como uma tecnologia independente e autônoma, pois a solução pode ser codificada em vários tipos de livro-razão compartilhado.

Algumas das características dos recursos das DLTs podem ser encontradas nas tecnologias desenvolvidas desde o ano de 1990 para os bancos de dados, por exemplo, as replicações mestre para mestre. Estas tecnologias permitem que vários usuários atualizem os registros de um banco de dados comum, onde os conflitos são resolvidos através de um algoritmo de consenso. É muito provável que as tecnologias que resolvem os conflitos dos registros em um banco de dados voltem para o topo da lista de prioridades dos desenvolvedores, por causa do foco atual em relação aos bancos de dados compartilhados e livro--razão distribuído. Estas soluções competem com as DLTs, pois elas permitem que um banco de dados tradicional possa ser projetado para ser compartilhado entre várias instituições do mercado financeiro e ser atualizado de forma descentralizada.

DLTs irrestritas x restritas

Em termos da participação dos usuários, as DLTs podem ser divididas em restritas e irrestritas. As DLTs restritas são sistemas fechados onde os membros são plenamente identificados e são responsabilizados pelas transações realizadas. As atualizações do livro-razão podem ser propostas e validadas apenas pelos participantes autorizados.

Nas DLTs irrestritas qualquer usuário pode acessar o banco de dados e dependendo do método de validação utilizado ele pode contribuir tanto para a atualização do livro-razão, como para submeter transações. Neste caso, existe o risco de os malfeitores gerarem transações spam para estabelecer um ataque do tipo negação do serviço.

O livro-razão distribuído pode ser público ou privado, dependendo de quem tem acesso aos dados. Uma DLT irrestrita tem por definição um livro-razão público e uma DLT restrita pode ter um livro-razão público ou privado.

O consenso pode parecer ser um recurso redundante em uma rede onde apenas os usuários autorizados estão habilitados para realizar as atualizações. Neste caso, as mudanças ilegítimas no livro-razão são punidas como violações nas obrigações contratuais. No entanto, este recurso é útil para aumentar a resiliência do sistema de execução e liquidação das transações contra os ataques realizados por usuários internos maliciosos ou por malfeitores externos que querem derrubar as funcionalidades do sistema.

Uma DLT com este recurso pode assegurar que o livro-razão distribuído seja corretamente atualizado, mesmo quando um número limitado de nós validação da rede está desconectado, ou está indisponível, ou está sob o controle de um usuário não autorizado.

A ideia do Blockchain foi introduzida em 2008 como base da moeda virtual Bitcoin que é uma DLT irrestrita. O livro-razão distribuído é autoritativo, porque todos os usuários concordam com ele e o Bitcoin e outras iniciativas DLTs não têm uma instituição central que regula e autoriza os papéis executados nos processos operacionais.

A tecnologia do Bitcoin representa uma conquista grandiosa, pois ela combina uma sequência conectada de blocos de registos imutáveis de uma cadeia de dados criptografada (o valor Hash da cadeia de dados é conectado inequivocamente, ou seja, de forma evidente com a versão específica do livro-razão distribuído ou com partes dele), com algoritmos AntiSpam e com incentivos econômicos para permitir que os usuários que são identificados e autenticados através de pseudônimos possam realizar transações e transferir valores sem a necessidade de uma autoridade central e de ferramentas de censura.

As instituições financeiras vêm desenvolvendo nos últimos anos uma rede em que todos confiam em todos através de acordos legais multilaterais e regulamentos padronizados para minimizar ou eliminar os riscos que não estão relacionados com o negócio (por exemplo, riscos operacionais e de contrapartidas). Cada uma das instituições da rede realiza os seus negócios com instituições que:

- São responsabilizadas pela sua parte nas operações
- Foram autorizadas para operar na cadeia de valor
- São supervisionadas e fiscalizadas pelos reguladores (os processos de autenticação são exigidos pelos reguladores e são, portanto, uma facilidade obrigatória para todas as DLTs. A forma como os processos de autenticação é projetada, é muito importante, especialmente se a DLT é utilizada mundialmente)

A necessidade de credibilidade determina o escopo da implementação de uma DLT restrita em rede. As características da tecnologia Blockchain são muito importantes para os propósitos da rede Bitcoin (uso de pseudônimos pelos membros da rede, imunidade dos participantes em relação aos supervisores, cópias do livro-razão acessíveis por todos em qualquer lugar do mundo e irreversibilidade das transações registradas). No entanto, elas não são relevantes para a indústria financeira.

Os agentes do mercado financeiro precisam de um sistema que enderece as necessidades dos padrões de credibilidade e confiabilidade exigidos pelo mercado [implementação do know-your-customer rules (kyc) - regras para conhecer os clientes, explicitação da transparência e responsabilização das ações para os reguladores]. As atuais necessidades de credibilidade e confiabilidade são endereçadas em uma estrutura de baixo custo.

Se a tecnologia é irrestrita, as regras para a participação em uma DLT impactam mais tanto os custos de manutenção, como o tamanho do conjunto de ferramentas que é utilizado para gerar o comportamento honesto dos validadores. As DLTs podem usar as ferramentas da teoria dos jogos em conjunto com a criptografia das chaves públicas (a criptografia das chaves públicas permite a posse de um par específico de chave pública e privada tanto para assinar uma mensagem com a chave privada permitindo que qualquer participante da rede possa verificar, usando a chave pública, quem é o autor, como para receber uma mensagem assinada por um participante da rede com sua chave pública e ser a única pessoa capaz de ler) para endereçar os requisitos da resiliência da segurança digital e para assegurar que uma atualização maliciosa fracasse ou seja economicamente desvantajosa do ponto de vista do atacante interno ou externo.

Em um livro-razão distribuído e restrito a identidade dos participantes é conhecida pelo conselho de governança. Em outras palavras, todos os malfeitores podem ser identificados e a sua má conduta pode ser punida durante a realização das atividades no livro-razão.

O livro-razão distribuído, compartilhado e restrito da DLT expõe a conduta dos participantes da rede, para que as punições previstas no conjunto de regras e leis sejam aplicadas contra todos que executem atividades contra o livro--razão. Por definição, os usuários das DLTs irrestritas não podem ser considerados responsáveis pelas suas atividades realizadas no livro-razão distribuído e compartilhado.

Os incentivos fora do livro-razão como multa e perda da reputação não podem ser usados para induzir os participantes para cumprir as regras estabelecidas no livro-razão se a identidade dos usuários é desconhecida. Por causa da falta de incentivos fora do livro-razão, os participantes das DLTs irrestritas precisam aportar recursos próprios dentro do livro-razão para impedir a validação de transações ilícitas. Isto pode ser feito ou por meio de um investimento preventivo (aumento da capacidade computacional do sistema) ou corretivo (uso dos ativos nativos do livro-razão como garantia subsidiária).

Este tipo de segurança está sujeito ao seu modelo econômico. Ele é de alcance limitado, pois um único investimento falso é suficiente para permitir que um agressor atualize maliciosamente o livro-razão compartilhado e distribuído. É muito difícil coordenar participantes não identificados para recuperar a versão verdadeira e honesta do livro-razão. Em outras palavras, a governança de uma DLT é a característica que torna a sua adoção mais ou menos provável.

Métodos de validação

Uma vez que um conjunto de novas transações submetido pelos usuários de uma DLT foi validado por um número específico de validadores da rede, os outros usuários recebem as mudanças e podem atualizar a sua cópia local do livro-razão. Os validadores conferem se os ativos envolvidos (podem ter a sua propriedade transferida) estão disponíveis para serem utilizados pela transação originadora trabalhando com a informação mais recente disponível.

O originador da transação precisa fornecer as informações padronizadas sobre os ativos que estão sendo transferidos, os usuários e contas envolvidas na operação e o valor Hash da última versão do livro-razão distribuído. As regras de validação têm como objetivo encontrar um ponto de operação que satisfaça o compromisso de equilíbrio entre a segurança digital e a eficiência operacional da transação. O ponto de equilíbrio correto depende tanto dos incentivos econômicos, como das facilidades da criptografia de segurança digital. Cada uma das DLTs tem um ponto de equilíbrio específico e individual.

Em uma rede irrestrita, é impossível compartilhar os direitos de validação com base na regra "uma cabeça é igual a um voto". Qualquer usuário pode criar múltiplos endereços na rede (Sybil attack) ou para ter votos suficientes para validar uma atualização de forma unilateral ou para sobrecarregar o sistema com uma quantidade não gerenciável de solicitações (ou seja, provocar a negação do serviço).

As DLTs usam quantidades diferentes de processos do consenso para impedir os ataques contra a rede. Os processos de Proof of Work (PoW), ou seja, prova do trabalho e Proof of Stake (PoS), ou seja, prova de participação são largamente utilizados pelas DLTs. A Proof of Work (PoW) é um sistema baseado na solução de problemas matemáticos envolvendo funções invertíveis Hash (equações matemáticas que são difíceis de serem resolvidas, cuja solução é facilmente verificada). A solução destes problemas matemáticos exige sorte e trabalho, ou seja, esforço computacional ao invés de habilidade matemática, pois a solução pode ser encontrada por tentativa e erro.

No sistema da prova de trabalho, cada validador seleciona um conjunto de transações pendentes que podem ser consideradas como lícitas, pois, elas obedecem às regras padrões da contabilidade (apenas as contas que são disponibilizadas pelo iniciador da transação são atualizadas e nenhuma das transações gera resultado negativo ou deficitário). O validador incorpora o conjunto de transações na última versão disponível digna de confiança do livro-razão (no ambiente Bitcoin o nome da última versão disponível digna de confiança do livro-razão é "the consensus Blockchain"), e usa a nova versão proposta do livro-razão como entrada para a função Hash.

A solução do problema matemático é enviada para a rede junto com o novo livro-razão proposto. Todos os participantes da rede podem verificar se a atualização contém apenas transações lícitas e se o validador trabalhou para encontrar uma solução correta para o problema matemático. Se as duas condições forem satisfeitas, os validadores concordam com a nova versão do livro-razão e a usam como ponto inicial para validar as outras transações pendentes (quando vários validadores aprovam duas atualizações ao mesmo tempo, são criadas duas versões do livro-razão e os participantes da rede vão acreditar momentaneamente em dois conjuntos diferentes de informações.

As discordâncias são reconciliadas pela rede, pois a atualização é incorporada pelo validador apenas na versão do livro-razão que ele trabalhou). Em outras palavras, a rede escolhe o livro-razão com o maior histórico de atualizações válidas e as transações validadas e registradas no outro livro-razão voltam para a condição de transações pendentes.

Os validadores arcam com o custo do hardware e da eletricidade exigida para resolver as funções Hash. Os validadores realizam estas tarefas com base competitiva, em troca de uma recompensa que será conquistada pelo primeiro que encontrar a solução. Este formato de competição cria tanto provas e disputas com prêmios entre os validadores do livro-razão (por exemplo, os novos bitcoins minerados no caso da DLT Bitcoin), como taxas pagas pelo iniciador das transações para a sua validação. Os problemas matemáticos estabelecidos pelo sistema PoW tem como principais objetivos tornar o processo de validação caro e garantir que os votos do trabalho realizado pelos validadores foram conquistados através de grande poder computacional.

O livro-razão compartilhado oficial é estabelecido para ser único entre todas as versões que são publicadas pelos usuários da rede, ou seja, livro-razão com maior histórico de atualizações validas. O motivo desta escolha é que este é o livro-razão que exige a maior capacidade computacional para resolver a função Hash.

O custo de uma transação é ajustado frequentemente por causa do tamanho do histórico de atualizações, para impedir que um membro da rede consiga validar transações fraudulentas e publicar uma versão maliciosa do livro-razão. Um usuário malicioso só vai conseguir falsificar uma versão do livro-razão, se ele puder validar as transações mais rápido que o resto da rede, por exemplo, tendo mais do que a metade do total da capacidade computacional dos outros validadores (na realidade prática, um usuário malicioso que tiver 25% do total da capacidade dos validadores é capaz de atacar a rede mudando os incentivos oferecidos para os outros validadores).

As transações Bitcoin, que são validadas pelo PoW, são relativamente seguras caso seja verdade o pressuposto que os ataques contra o livro-razão vão ocorrer apenas por motivações econômicas. Quando o valor da criptomoeda aumenta e o valor da venda da apropriação indevida também aumenta, o custo para alcançar um determinado percentual do total do poder computacional da rede aumenta do mesmo fator.

Na prática, os atacantes são induzidos para investir uma grande quantidade de recursos para controlar a maior parte do poder computacional da rede quando o valor da criptomoeda aumenta. É importante também destacar, neste ponto, que o investimento ótimo dos validadores no aumento do poder computacional para receber os prêmios está diretamente relacionado com o valor da criptomoeda no mercado (os validadores dos blocos que são repetidamente considerados inválidos pelo resto da rede perdem os prêmios conquistados).

Em outras palavras, toda vez que o valor da criptomoeda aumentar e o valor esperado da venda do Blockchain aumentar, o custo para capturar mais de 50% do poder computacional da rede também aumenta (assumindo que os investidores de boa-fé vão continuar a aumentar proporcionalmente o investimento no poder computacional dos validadores).

A disponibilização apenas dos registros das transações de um ativo ou de uma prova do livro-razão distribuído faz com que o custo para controlar a rede cresça na mesma proporção que o aumento da receita que poderia ser alcançado com o domínio da rede. Neste contexto, é economicamente inviável falsificar o Blockchain.

É possível que alguns validadores resolvam o PoW do conjunto de transações que eles querem adicionar no livro-razão depois que um outro validador completou com sucesso uma modificação isolada em um verão anterior do livro-razão (que o validador usou como base para a sua adição). Neste caso, as transações do primeiro validador não podem ser adicionadas no livro-razão, pois ele foi alterado.

Neste caso, as transações retornam para a situação de transações pendentes e serão validadas pela criação de um novo problema matemático baseado no livro-razão atualizado e o validador original perde a sua recompensa. As modificações no padrão do PoW estão sendo desenvolvidas para permitir que o poder computacional usado nas validações sem sucesso possa ser utilizado para aumentar a quantidade do poder computacional necessária para um ataque contra a rede.

O segundo tipo de validação do sistema é o processo de consenso chamado de Proof of Stake (PoS), ou seja, prova de participação. Ela assegura partes dos direitos de validação para os usuários conforme o seu nível de participação no sistema. A forma como a participação do validador é medida é um aspecto crítico deste tipo de sistema (as abordagens para resolver este problema são diferentes entre as DLTs existentes). Alguns critérios usados para medir o nível de participação do validador são:

- Quantidade de native tokens (tokens nativos do sistema) que o validador possui
- Quantidade de um native token em particular ou de ativos fora do livro-razão (por exemplo, contratos de custódia) que são usados para garantir o livro-razão
- Reputação do validador em uma DLT restrita (prova de identidade, "Proof of Identity", PoI)

A variedade de especificações que as DLTs têm em termos da participação no livro-razão pode afetar indiretamente a eficiência da rede. Nas redes onde os participantes são responsáveis pela manutenção do livro-razão (atuação dos membros é pautada pela boa fé e todos tem ciência que os comportamentos ilícitos serão punidos) a versão verdadeira do livro-razão é restabelecida pelo consenso. Estas redes são mais eficientes do que os sistemas que exigem que todos os participantes invistam recursos na manutenção do livro-razão.
Os desenvolvedores das tecnologias do Blockchain restrito podem escolher usar algoritmos de consenso mais baratos do que os que são necessários para os Blockchain irrestritos. Este estratagema para os algoritmos de consenso utilizado nas DLTs restritas faz com que o processo de validação não seja artificialmente difícil ou caro em termos de despesas recorrentes, ao mesmo tempo em que aumenta o custo para os ataques perpetrados pelos malfeitores.

Existem também os Sidechains que têm uma camada extra de permissão em cima do Bitcoin Blockchain para deslocar parte do custo dos validadores (investimento em capacidade computacional para endereçar as necessidades do PoW), ou para o custo da reputação ou para as garantias do livro-razão.

Também encontramos no mercado, as DLTs que são um Blockchain isolado com protocolo proprietário que permite a criação de um ou mais sublivro--razão para que os usuários possam decidir qual será o mecanismo de consenso que será usado no processo de validação. Os sublivros razão com diferentes métodos de validação não podem interagir entre eles diretamente. No entanto, estão sendo desenvolvidas funcionalidades para permitir a interoperabilidade do ponto de vista técnico entre os sublivros.

Um sistema PoS com garantias permite que uma ou mais partes usem os ativos dos participantes (provavelmente fora do livro-razão em uma terceira parte acreditadora), por exemplo, contrato de custódia como garantia fiduciária. Se os participantes tentarem realizar (com sucesso ou não) uma transação ilícita, eles perderão os ativos usados como garantia. Neste tipo de sistema PoS punitivo, quando acontece na rede a falta de consenso, as assinaturas digitais dos usuários culpados são publicadas em uma lista negra e as suas garantias são transferidas para o sistema.

Em uma rede fechada como a que foi formada pela infraestrutura do mercado financeiro e intermediários, o limite mínimo exigido de dois terços de validadores de boa-fé para assegurar a correta validação de novas transações pode ser considerado como nível relativamente seguro. Um malfeitor que planeje o lançamento de um ataque contra a rede, precisa controlar as credenciais de um terço das instituições financeiras que atuam como validadoras para ser capaz de interferir na correta gravação das novas transações, no livro-razão distribuído.

Em termos da segurança digital, não é possível afirmar se esta solução é mais ou menos segura do que a oferecida por um banco de dados centralizado. Para comparar a segurança entre uma rede fechada e um banco de dados central é preciso calcular a probabilidade de um ataque conseguir capturar o controle do sistema dedicado central e a probabilidade de um ataque conseguir controlar um terço dos nós validadores da rede (acessam o sistema através de computadores). O servidor central pode trabalhar com um padrão de segurança diferente dos nós validadores da rede.

Alguns protocolos do consenso automaticamente rebaixam os nós que discordam da maioria da rede, para reduzir o risco de um nó ser capturado progressivamente por um malfeitor com objetivo de controlar o sistema.

Uma vez que as novas transações são validadas e adicionadas na versão mais recente do livro-razão, elas podem ser consideradas como liquidadas ou pendentes, dependendo da especificação da DLT. Em alguns casos, as atualizações pendentes do livro-razão podem ser revertidas depois da realização da validação durante um período de tempo especificado na DLT.

Os desenvolvedores de DLTs irrestritas afirmaram que vão mudar para o desenvolvimento de tecnologias restritas para endereçarem as necessidades das instituições financeiras, que estão particularmente interessadas na liquidação definitiva da operação e nos custos de manutenção do livro-razão. Elas não têm interesse em abrir a participação na rede para desconhecidos.

Blockchain como uma estrutura de banco de dados

O impacto das DLTs na latência, capacidade de processamento e uso dos recursos computacionais é muito variado. A tecnologia Blockchain permite que vários participantes de uma rede ponto-a-ponto restrita ou irrestrita validem novas transações ou blocos de novas transações e adicionem na cadeia de transações ou de blocos de transações previamente validada. A cadeia de blocos validados constitui o Blockchain. Ele é atualizado e distribuído para todos participantes para assegurar a consistência das informações. Todos os participantes que são adicionados na rede recebem a última versão completa do arquivo do Blockchain ou o seu Hash.

Nas DLTs Blockchain, como o Bitcoin Blockchain, as informações sobre a propriedade de um ativo ou bem são estruturadas como uma cadeia de transações. Cada usuário possui saídas de transações não gastas (recursos disponíveis para gastar), ou seja, Unspent Transaction Output (UTXO) que representam a quantidade de bens e ativos (por exemplo, bitcoins) do participante. Os validadores concordam em posição de consenso em atribuir diferentes endereços na rede para cada uma das saídas, ou em outras palavras, fazem uma declaração pública da posse do bem ou ativo. As UTXOs representam os ativos que podem ser transferidos pelo seu dono para os participantes da rede.

Uma UTXO pode ser vista como a representação digital de uma cédula de dinheiro. Ela não pode ser dividida em partes, e só pode ser gasta pelo seu valor de face. No caso de existir troco na transação, o vendedor recebe cédulas de valor mais baixo que a UTXO original. Uma vez que o vendedor recebeu o pagamento, a UTXO original **é** considerada gasta e ela não pode ser usada novamente.

Quando existir troco, são geradas duas novas UTXOs, cuja soma tem o mesmo valor da UTXO original (por exemplo, Bitcoins) que são entregues para o vendedor e comprador. Atualmente, as UTXOs são usadas nas DLTs, onde a estrutura dos dados é baseada em blocos de transações individuais que formam o Blockchain. O mercado entende que esta estrutura funciona melhor do que uma estrutura baseada no saldo da conta dos usuários.

Cada um dos usuários do Blockchain tem uma determinada quantidade de UTXOs vinculada com o seu endereço. Quando um usuário deseja transferir algum dos seus ativos, ele precisa especificar qual UTXO está sendo usada como entrada da transação, qual parte da UTXO está sendo enviada para o vendedor e qual parte está sendo devolvida para o seu endereço (Este processo é invisível para os usuários e descreve como as transações ocorrem no Blockchain. Todos os passos envolvendo a manipulação das UTXOs são executados automaticamente pela aplicação cliente).

As DLTs que usam tokens como Bitcoins têm cada um dos tokens caracterizados como um endereço único. Em outras palavras, o token pode ser associado com um ativo particular e pode ser transferido na forma de um título de propriedade na atualização do Blockchain. Se uma entidade confiável declarar que o endereço de um token particular é o título de probidade de um ativo, então ele pode ser livremente negociado entre os participantes da rede.

A transferência do token entre investidores significa a transferência do seu respectivo direito de propriedade (a transferência é realizada sem custos para o usuário final. Pode ser necessário o pagamento de uma taxa para o validador, para assegurar a pronta validação da transação. Não uma transação sem custo para a sociedade, pois no caso do Bitcoin, uma transação deste tipo gera custo tanto em termos do investimento necessário no hardware para que a capacidade computacional seja adequada, como em termos do consumo de energia elétrica para processar a transação).

Os tokens que têm os direitos de propriedade anexados são chamados de "coloured" tokens ou tokens coloridos, para que eles sejam distintos dos outros tokens que são idênticos e são usados apenas para fazer os pagamentos eletrônicos (criptomoedas). O possuidor de um "coloured" token (proprietário de uma chave privada de criptografia que permite acessar a chave pública de criptografia que contém o endereço do "coloured" token) é o usuário que pode transacionar o bem. Ele é o beneficiário de todos os dividendos ou rendimentos relacionados com o ativo. O direito aos dividendos ou rendimentos é válido até que o momento em que o usuário transfere o bem para outro membro da rede.

As tecnologias Blockchain que são desenvolvidas na camada superior do sistema computacional para disponibilizar funções adicionais através de novas plataformas são conhecidas como "Sidechains". Também existem as tecnologias

Blockchain que são desenvolvidas na camada superior do sistema computacional para adicionar ativos conhecidos como "Metacoin" na rede.

As DLTs baseadas em tokens, como o Bitcoin, que confiam no PoW são efetivas quando trabalham apenas com uma criptomoeda, ou seja, o valor recebido pelos atacantes e validadores são múltiplos do valor de um Bitcoin. Este método de validação não protege os sistemas onde a liquidação das transações envolve ativos diferentes do Bitcoin token (títulos de créditos interbancários ou da dívida pública) dos ataques realizados pelos usuários.

O valor em Bitcoins recebido pelo portador de um título (direito de controle e dividendos ou rendimentos futuros) pode ser muito maior que o padrão de pagamento recebido pelos validadores que atuam com boa fé e investem recursos na manutenção do livro-razão. Neste caso, existe incentivo econômico para que os malfeitores invistam em capacidade computacional e eletricidade para falsificar a transferência de Bitcoins e ganhem os direitos de controle e fluxo de caixa futuro dos títulos.

Livro-razão consensual

Os usuários de Blockchains podem recuperar, em caso de defeito, no seu computador, o seu saldo através do histórico completo das transações realizadas com a verificação das UTXOs associadas com seu endereço na rede (computadores conhecidos como "light clients" são conectados na rede Blockchain para armazenar uma parte do histórico. Apenas os computadores que armazenam o histórico completo do Blockchain podem verificar as atividades realizadas no passado e validar com confiabilidade as transações).

A abordagem de obter o consenso para o livro-razão é muito similar aos padrões da contabilidade que são baseados em contas individuais. Ao invés de monitorar sucessivas transferências de tokens, o livro-razão consensual é atualizado toda vez que ocorre uma janela ou rodada de validação. As cópias do livro-razão são atualizadas neste momento para que o saldo das contas dos usuários seja atualizado (é mantida em alguns nós da rede a versão anterior do livro-razão para que ele seja auditado. Este estratagema é muito similar ao que é praticado em 2017 por vários bancos de dados tradicionais).

A atualização do livro-razão consensual é uma atividade de vital importância para poder restaurar o sistema depois de uma falha ou indisponibilidade da rede. Isto significa que os nós que perderam os dados armazenados no banco de dados, ou que sofreram indisponibilidades, não precisam baixar o histórico completo de um outro usuário para recuperar os seus registos próprios.

As contas ficarão novamente sincronizadas com o resto da rede no próximo ciclo de atualização, ou seja, ocorrência do consenso sobre a atualização do livro-razão e envio do mesmo para toda a rede. Esta característica não é de grande importância em uma DLT com um grande número de nós validadores, no entanto, ela representa um grande benefício quando a rede é restrita e existe um pequeno número de nós que são responsáveis pela validação das atualizações. O consenso de uma nova versão do livro-razão é alcançado pelo conjunto de validadores (eleitos pelos usuários para validar um conjunto de transações pendentes) em alguns poucos segundos. Os vários nós podem selecionar inicialmente diferentes conjuntos de transações para serem validados.

Em outras palavras, o primeiro passo é alcançar o consenso sobre qual lista de transações será processada em uma determinada rodada. O correto planejamento evita o desperdício do retrabalho. Toda vez em que o número de nós que está trabalhando na validação não é suficiente para alcançar a capacidade mínima de processamento requerida, a lista de transações que está sendo processada retorna para a fila de transações pendentes. Neste caso, os recursos consumidos para fazer a validação foram jogados no lixo. Depois de ser alcançando o consenso sobre qual lista de transações será processada, os nós trocam entre si o seu ponto de vista sobre os seguintes aspectos:

1. Descarte das transações que não têm suporte suficiente entre os validadores
2. Validação das transações que têm a maioria requerida de votos a favor

Contratos Inteligentes

Os contratos inteligentes representam, na prática, a transposição para o livro-razão, distribuído dos direitos e obrigações que foram acordados entre os usuários. O objetivo é assegurar que todos os termos sejam rigorosamente cumpridos através de atualizações automáticas nas contas dos usuários. Um contrato inteligente pode acessar várias contas e transferir ativos conforme os seus termos, assim que um evento interno ou externo dispare o gatilho que ordena a sua execução.

Os contratos inteligentes podem, portanto, executar transações automatizadas e automáticas (creditar dividendos, pagar os juros de um título, estabelecer coberturas adicionais e usar as garantias subsidiárias) e atualizar o livro-razão em resposta a uma ação corporativa específica ou evento ocorrido no mercado. Alguns desenvolvedores entendem que é possível criar um contrato inteligente usando Application Programming Interfaces (APIs). Neste caso, todos os participantes poderão codificar um contrato inteligente no livro-razão preenchendo um formulário com campos predefinidos.

Uma vez que o contrato inteligente foi escrito no livro-razão, a validação da sua execução obedece ao mesmo procedimento de uma transação qualquer. Se uma DLT é capaz de assegurar que as atualizações do livro-razão são seguras no mundo digital, a realização dos contratos inteligentes também é, pois ela é protegida contra os ataques de forma similar às transações. Esta é a principal diferença entre os contratos inteligentes e os procedimentos similares armazenados em banco de dados não DLT.

Depois que uma parte criou um contrato inteligente via adição de linhas de código no livro-razão, os outros participantes podem aceitar o contrato e torná-lo executável. Após a validação da concordância das partes com os termos do contrato, ele não pode mais ser retratado. As consequências de um contrato inteligente não podem ser ignoradas.

Quando ocorre um evento que dispara o gatilho da execução de um ou mais termos do contrato, o código correspondente ao termo ou termos afeta de forma direta e imediata os títulos e saldos das contas do livro-razão (é importante destacar neste ponto, que não existe clareza sobre como o poder judiciário vai ler e fazer cumprir os termos dos contratos escritos em uma linguagem de programação).

Os contratos inteligentes podem ser o mecanismo que vai provocar mudanças profundas nos mercados financeiros que adotarem as DLTs. As limitações do livro-razão irrestrito e a necessidade de assegurar a conformidade com as regulamentações significam que os intermediários vão continuar executando algum papel nos vários níveis da cadeia de valor da pós-negociação. No entanto, é bastante evidente que, os contratos inteligentes executarão várias funções que são realizadas atualmente pelas instituições de pós-negociação.

As evidências sugerem que as questões técnicas sobre a coerência da atualização do livro-razão ainda não estão totalmente resolvidas. Quando um contrato inteligente é executado, ele pode modificar qualquer uma das contas que ele tem acesso, e a sua execução pode demandar por uma capacidade computacional bastante complexa. Em outras palavras, existe a necessidade do pagamento do custo de oportunidade determinado pelo mecanismo de fixação do preço do mercado para que os contratos inteligentes sejam adotados. Esta abordagem é usada por algumas DLTs para evitar:

- Degradação do desempenho dos validadores por causa do grande volume de liquidações de transações;
- Ataque tipo de negação do serviço, onde a rede fica indisponível por causa do volume não gerenciável de requisições.

Cenário atual da pós-negociação

Para que uma transação seja validada em uma DLT, os usuários trocam mensagens até que o consenso seja alcançado. Em outras palavras, o livro-razão distribuído só é atualizado após o consenso. Este tipo de processo de validação que exige que o consenso seja alcançado entre as várias partes, faz com que a velocidade da liquidação de uma transação seja menor do que a velocidade que seria alcançada com a utilização de uma tecnologia de gerenciamento centralizado do banco de dados.

Esta perda de velocidade não é aplicável para a leitura dos registros do livro-razão distribuído, pois a velocidade de leitura de uma DLT (onde uma cópia mestre é distribuída para os usuários após cada atualização) é comparável com a velocidade de leitura de um banco de dados com gerenciamento centralizado.

A falta de interoperabilidade entre os vários sistemas baseados em um banco de dados centralizado resulta em uma velocidade limitada de processamento de uma grande quantidade de instituições que não estão integradas verticalmente.

O conjunto velocidade limitada do processamento da liquidação, elevada abrangência do ciclo de liquidação, aumento do custo dos procedimentos administrativos e necessidade de reconciliar as contas mantidas por vários intermediários criou os seguintes riscos operacionais:

- Falhas nas cadeias de liquidação (um atraso na liquidação de uma transação pode afetar a liquidação da operação comercial com uma terceira parte);
- Erros humanos (o sistema é reconciliado manualmente em algumas situações);
- Limitação da fluidez da garantia subsidiária.

Atualmente, os intermediários financeiros mantêm diversos registos separados da mesma informação. É importante destacar neste ponto que as DLTs não reduzem os custos administrativos por causa da eliminação da multiplicidade dos dados. As DLTs maximizam a eliminação da redundância dos dados e podem ser usadas contra os ataques digitais, pois os vários nós da rede mantêm ou uma cópia completa do livro-razão ou uma parte dele.

O elevado custo administrativo das bolsas de valores não é provocado pelo custo do armazenamento dos dados redundantes, ele é causado pela redundância dos processos de negócio.

Os estudos de mercado revelaram que o custo global para as atividades realizadas pela câmera de compensação foi estimado entre 5 e 10 bilhões de dólares e entre 40 e 45 bilhões de dólares para o gerenciamento das liquidações, custódias e garantias subsidiárias (39 bilhões de dólares foram pagos para os membros da cadeia da custódia) e entre 20 e 25 bilhões de dólares para os dados e análises pós-negociação.

Condições atuais do mercado

Em 2017, as taxas de juros internacionais ainda estão bastante baixas. A atual expectativa de aumento das exigências para as garantias subsidiárias por causa das mudanças nas regulamentações dos mercados está reduzindo as margens dos intermediários financeiros e também está aumentando o peso dos custos dos procedimentos administrativos, que não geram lucros, nas transações.

Os intermediários financeiros esperam que as DLTs eliminem a necessidade da execução de alguns processos de reconciliação, reduzam a quantidade necessária de garantias subsidiárias e limitem a necessidade de capital demandada pelo ciclo de liquidação.

Os intermediários financeiros têm que atualizar as suas próprias contas todas às vezes que uma nova transação é realizada. Eles têm que enviar todos os resultados relevantes do seu exercício financeiro e contábil para as partes interessadas que operam em níveis diferentes da indústria da pós-negociação, para que elas possam reconciliar as suas contas próprias para refletir a nova situação e para informar as partes interessadas sobre as mudanças ocorridas.

A execução do fluxo dos processos entre a negociação e a liquidação é demorada. No entanto, a execução das instruções para a correspondência entre a negociação e o processo de liquidação (dimensão liquidação do Sistema de Pagamentos Brasileiros) pode ser realizada de forma instantânea.
Processos pós-negociação dos títulos nas transações atuais

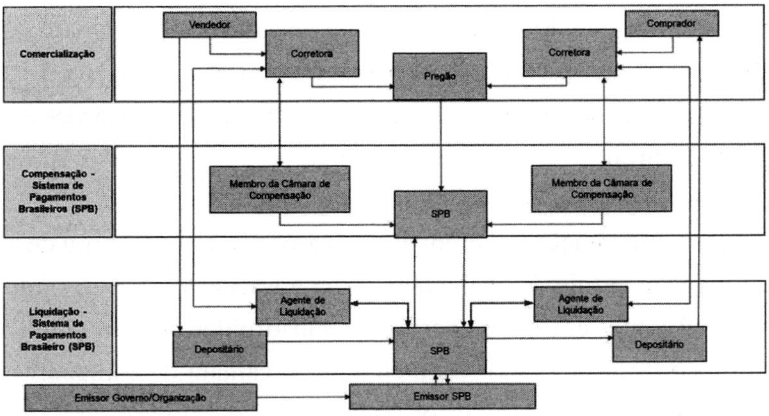

O quadro dos processos pós-negociação dos títulos nas transações atuais revela como são, atualmente, realizadas as transações dos títulos entre os investidores finais. Os processos podem ser simplificados quando o comprador e o vendedor tem conta no mesmo depositário, pois a liquidação da operação **é**, neste caso, realizada internamente. Também é possível simplificar os processos pela consolidação dos intermediários, por exemplo, os membros da câmara de compensação e o agente de liquidação podem ser a mesma entidade que atua em alguns casos como depositário para o investidor final. A consolidação pode gerar o fenômeno de falta de interoperabilidade. Este fenômeno estimula a prática de atitudes anticompetitivas, principalmente nos casos onde a concentração da infraestrutura tem a tendência de criar um monopólio natural ou regulamentado.

O comprador e o vendedor têm que instruir os seus respectivos corretores sobre como eles querem realizar o negócio. As ordens de compra e venda são enviadas pelos corretores para o pregão, onde elas são publicadas e abertas para o mercado. Os sistemas manuais (corretores humanos) ou computacionais interagem com as ofertas de compra e venda e fecham os negócios.

Os detalhes do negócio são frequentemente enviados para a câmara de compensações para reconciliar as ordens, possibilitando que elas sejam liquidadas em conjunto com as outras ordens pendentes para reduzir as posições em aberto dos participantes.

A câmara de compensação pode, em alguns casos, virar uma central de contrapartida para os investidores finais (netting by novation - processo onde todos os acordos existentes entre duas partes são substituídos por um único acordo com um único fluxo de caixa). Os membros da câmara de compensação vão informar, ao mesmo tempo, todos os seus respectivos corretores sobre as suas obrigações e os corretores vão instruir os seus agentes de liquidação.

O agente de liquidação da corretora do vendedor recebe na sua conta os títulos do depositário ou custodiante do vendedor e os credita para a câmara de liquidações (no modelo de pós-negociação mais simples, os dois investidores finais têm contas no Sistema de Pagamentos Brasileiro - SPB).

A câmara de compensações emite e distribui então, uma instrução sobre os títulos que vão ser creditados na conta do agente de liquidação do comprador, que credita eles para o depositário ou custodiante do comprador. Pode ser necessário realizar uma reconciliação entre os investidores da central de depósito de títulos (SPB) e o emissor do SPB para, por exemplo:

- Executar as funções de dar fé pública aos documentos (cartórios)
- Executar os serviços administrativos e de custódia dos títulos

Cada um dos passos realizados na pós-negociação pode exigir que os registros das partes envolvidas na negociação sejam reconciliados com os registros de outras partes em diversos níveis da cadeia de valor.

DLTs no cenário futuro da pós-negociação

O impacto das DLTs nas instituições financeiras de pós-negociação depende da camada da cadeia de valor da pós-negociação que está sendo considerada, do tipo de governança que estas organizações estão submetidas e do caminho que as instituições reguladoras do mercado desejam e permitem para a implantação de uma inovação.

Quando uma nova transação é validada e a sua correspondente atualização do livro razão distribuído não pode ser revertida, a transação é considerada liquidada no livro razão. Neste ponto é importante destacar que as consequências não são claras para os registros fora do livro-razão. O Blockchain e o seu livro-razão consensual pode registrar:

- Tokens (ativos que são nativos para o livro-razão e podem ser usados como parte dos incentivos para os usuários)
- Direitos (títulos de dívidas garantidos por ativos que não estão registrados no livro-razão)

Apenas quando são utilizados os tokens é que a liquidação da operação registrada no livro-razão distribuído representa de forma suficiente o encerramento das obrigações das duas partes.

Caso o Blockchain trabalhe com ativos fora do livro-razão, as consequências de uma atualização do livro-razão distribuído não são claras em termos da finalidade e dos efeitos sobre os direitos de posse. Em outras palavras, existem diversos detalhes importantes que precisam ser endereçados pelos legisladores para que uma DLT possa ser usada para transferir a propriedade dos direitos dos títulos financeiros.

Impacto das DLTs nas várias camadas da pós-negociação

Quando as DLTs foram introduzidas no ano de 2015, muitos desenvolvedores criaram produtos voltados ou para uma camada ou para poucas camadas da cadeia de valor dos títulos. Em 2017, este cenário mudou completamente e existe uma grande quantidade de soluções que foram desenvolvidas com funcionalidades para todas as camadas da cadeia de valor das transações dos títulos (existem soluções DLTs que cobrem a camada de formação dos preços que está relacionada com as atividades de negociação e comercialização).

Vários inovadores já foram capazes de introduzir os produtos nas instituições financeiras. Por exemplo, a empresa Ripple (https://ripple.com/, acessado em 25/07/2017) atua no mercado de câmbio onde ela conecta os bancos que funcionam como uma ponte de ligação com o livro-razão consensual. As empresas NASDAQ (http://www.nasdaq.com/, acessado em 25/07/2017) e Symbiont (https://symbiont.io/, acessado em 25/07/2017) publicaram respectivamente Blockchains privados e públicos para o mercado privado de ações.

A empresa Overstock (https://www.overstock.com/, acessado em 25/07/2017) que é uma companhia presente nas bolsas dos Estados Unidos, solicitou a aprovação da Securities and Exchange Commission (SEC) para emitir uma parte das suas ações em um Blockchain proprietário, que pode ser acessado por todos.

Vários membros do mercado financeiro uniram forças, através de diversos consórcios, com as companhias envolvidas na aplicação das novas tecnologias usadas na intermediação financeira (Fintech companies) para desenvolver as tecnologias de compartilhamento. As diversas especificações oferecidas pelas DLTs podem inibir a padronização e a interoperabilidade e podem levar o mercado para um nível crescente de fragmentação se cada um dos participantes (individuais ou consórcios) adotarem abordagens proprietárias para as DLTs.

Independente se as DLTs forem adotadas por grupos ou por todas as instituições financeiras, o impacto nos processos de pós-negociação é fortemente dependente da forma como são implementadas as tecnologias e as funcionalidades selecionadas pelos usuários. Em outras palavras, cada uma das camadas da cadeia de valor da pós-negociação (compensação, liquidação e serviços administrativos) é impactada pelas DLTs.

Impacto na camada da liquidação

A importância da função notarial para a estabilidade do mercado financeiro é tão grande que em diversos mercados ela é realizada no formato de monopólio regulado com a tarefa de assegurar a integridade da emissão dos títulos e fazer a liquidação das transações comerciais. A função notarial também é decisiva na adoção das DLTs, pois é preciso existir na rede uma instituição confiável que assegure que os títulos (ativos digitais) registrados no livro-razão distribuído, correspondem à descrição dos ativos físicos do mundo real, por exemplo, um certificado global registrado como uma entrada imutável do Blockchain.

Os papéis relacionados com a função notarial não podem ser delegados para as companhias ou governos que emitem os títulos porque podem ser criados incentivos econômicos que desalinham o equilíbrio do funcionamento do sistema. É necessária a existência de uma terceira parte que execute o papel de assegurar que apenas os títulos emitidos e publicados garantidos por ativos reais possam ser negociados no mercado, para que os direitos dos investidores não sejam diluídos.

A confiança nos direitos dos títulos garantidos por ativos reais é um aspecto fundamental para permitir no mercado primário o financiamento corporativo, e nos mercados secundários a maturidade da transformação do formato da cobertura e proteção das garantias dos títulos armazenados nos depositários ou custodiantes. Isto significa que não é realista a proposta de uma rede ponto-a-

-ponto entre os investidores que estão participando do livro-razão distribuído para emitir ou liquidar os títulos que estão sendo negociados nos principais mercados atuais. O envolvimento de entidades reguladoras é condição obrigatória independente da tecnologia adotada.

A validação e, portanto, o processo de liquidação das transações pode ser delegado, ou seja, o processamento é realizado apenas pelos nós da rede operados pelos participantes selecionados. Esta estratégia aumenta o desafio das DLTs em relação à confidencialidade dos dados, pois as transações precisam ser processadas confidencialmente e têm que ser validadas pelas infraestruturas das instituições intermediárias que regulam e monitoram o funcionamento do mercado financeiro brasileiro (por exemplo, Comissão de Valores Mobiliários [CVM] e Sistema de Pagamentos Brasileiro [SPB]).

As atuais DLTs exigem que os validadores acessem os detalhes da negociação para verificar a sua validade. Os membros do mercado querem manter a confidencialidade das suas estratégias de negociação. Os desenvolvedores estão empenhados em resolver este problema, e uma série de novos recursos estão sendo oferecidos nas DLTs para que o sigilo seja mantido durante o processo da validação. Em outras palavras, deve ser um processo de validação sem que exista o conhecimento dos seus detalhes.

A perna do caixa da liquidação representa uma área distinta para a DLT, pois ela trabalha em separado da perna dos títulos. Até o momento, os membros do mercado têm dado pouca atenção para a conexão que precisa existir entre as tecnologias usadas na perna dos títulos e na perna do caixa de uma transação. Até o mês de maio de 2017, é impossível estimar se e quando:

1. O Banco central vai fazer parte do livro-razão distribuído
2. Vai existir a determinação da quantidade mínima de dinheiro do mundo real na conta corrente para permitir que a transferência de um título seja

realizada conforme os processos diretos e automatizados do modelo "Entrega-Contra-Pagamento" (Delivery-Versus-Payment [DVP]). Os vendedores querem receber em moeda do mundo real. Não querem receber em criptomoedas.

O livro-razão distribuído para os títulos financeiros exige, portanto, pelo menos uma entidade confiável para conectar os "papéis" com o valor em dinheiro vivo depositado nas contas correntes dos participantes da rede. Este requisito pode ser endereçado pela participação de um banco comercial na DLT. É importante destacar que existe o risco, neste caso, de o dinheiro vivo atualmente disponível na conta corrente do usuário estar comprometido com um compromisso futuro do correntista com uma outra instituição (por exemplo, uma conta em débito automático que será paga no futuro).

O saldo atual na conta corrente pode ser afetado por procedimentos futuros que podem causar a falência do usuário ou da instituição. Uma conta corrente com saldo em dinheiro vivo garantido em um patamar mínimo pode ser uma solução possível para o livro-razão, mas o seu uso "congela" a disponibilidade dos ativos líquidos e, portanto, limita por causa da fluidez das garantias subsidiárias os benefícios do livro-razão distribuído.

Nas DLTs atualmente disponíveis, é preciso abrir contas individuais tanto para os emissores dos títulos, como para os investidores. A abertura destas contas é gerenciada pelo administrador designado do livro-razão ou pelos participantes reguladores que podem verificar as identidades. O conceito da finalidade da liquidação das transações é um fator crítico de sucesso para a previsibilidade e repetitividade do funcionamento do mercado financeiro. A forma como a finalidade da liquidação das transações é realizada em termos do registro dos títulos no livro-razão distribuído pode variar entre as diversas DLTs. As várias tecnologias oferecem funcionalidades diferentes em termos de quando uma transação pode ser reclamada. É preciso, portanto, responder as seguintes perguntas:

1. O livro-razão é interfaceado ou integra o sistema de liquidação fora do livro-razão?
2. A atualização do livro-razão representa o direito de um ativo fora do livro--razão?
3. Um ativo codificado no livro-razão é um token ou título inteligente?

Atualmente, os títulos negociados podem ser depositados em contas caucionadas para permitir que eles sejam liquidados digitalmente no livro-razão distribuído.

Existem mercados que exigem o armazenamento dos títulos físicos e apenas a sua contabilização é realizada eletronicamente. Isto significa que não é realista o cenário onde os títulos são migrados em massa para o livro-razão distribuído. No entanto, é perfeitamente viável que a transição para a adoção de uma DLT ocorra através de um sistema duplo, onde as transações são liquidadas tanto no sistema tradicional, como no sistema DLT.

O impacto de uma DLT na resiliência da segurança digital não depende apenas dos métodos de validação usados no livro-razão. A capacidade dos participantes individuais em resistir a um ataque externo à rede é o principal fator da segurança. Se os nós da rede têm a mesma estrutura de segurança usada no banco de dados central, um agressor que conseguir quebrar a segurança digital e controlar um nó da rede é capaz de usar o mesmo método de ataque e controlar vários nós e dominar o sistema.

Se o processo de validação é distribuído entre instituições que adotam soluções diferentes de proteção eletrônica, a resiliência da segurança digital total do sistema é resultante do nível da proteção eletrônica de cada um dos nós. Neste caso, se um nó da rede for invadido, isto não significa que vários nós da rede serão controlados pelo agressor. Apenas o nó invadido será impactado neste modelo. No caso de uma falha do sistema, as várias cópias do livro-razão distribuído mantidas pelas diversas instituições participantes vão facilitar e agilizar a recuperação da rede.

Impacto na camada da custódia

O livro-razão distribuído permite que os títulos sejam transacionados diretamente pelos investidores finais ou pelo seu ponto de contato com o mercado financeiro, ou seja, corretoras e bancos que adotam os conceitos do "conheça o seu cliente" (know-your-customer [KYC]) e "antilavagem de dinheiro" (anti-money laundering [AML]). Os contratos inteligentes permitem que as iniciativas idealizadas pelas corporações (ações necessárias para assegurar a aderência com os requisitos da elegibilidade e otimização das garantias subsidiárias) sejam realizadas de forma automática.

Os contratos inteligentes são um caminho para facilitar a manutenção dos ativos. Todos os eventos que podem ser registrados ou comunicados no formato digital, podem fazer parte de um algoritmo autoexecutável que atualiza as contas automaticamente. Exemplos de manutenção de ativos que podem ser executados por contratos inteligentes:

- Cálculo automático dos dividendos de um título
- Pagamento dos dividendos de um título diretamente na conta do acionista na data do vencimento com respectivo débito automático na conta do emissor do titulo;
- Retenção ou recuperação de impostos
- Desdobramento ou resgate de ações
- Operações de crédito ou débito nas contas do livro razão realizadas pelo disparo da execução das instruções de um evento que pode ser verificado ou pelo livro-razão ou por uma instituição de confiança fora do livro-razão.

Sempre que o livro-razão é programado para realizar estas atividades, apenas algumas poucas tarefas são realizadas pela cadeia de depositários ou custodiantes. Neste contexto, as únicas tarefas atuais que continuam a ser executadas através da interação dos seres humanos são a identificação dos investidores finais e emissores dos títulos e o controle dos seus respectivos acessos ao livro-razão. O papel do controlador de acesso pode ser realizado pela entidade que faz o gerenciamento do livro-razão.

A necessidade de verificar a identidade pode exigir a interação física com os investidores finais em um determinado momento. Um banco ou autoridade pública pode ser responsável por esta atividade. O desenvolvimento de contratos inteligentes que interagem com eventos corporativos e serviços auxiliares como gerenciamento das garantias subsidiárias e empréstimos de títulos pode tornar redundante o papel atual executado pelos depositários ou custodiantes.

Impacto na camada da câmara de compensação

O nível do impacto das DLTs nas informações necessárias e relevantes para a liquidação das transações (trade enrichment), na validação das instruções das contrapartes (confirmation) e na comparação dos requisitos (matching) depende tanto da integração da plataforma de negociação com o livro-razão distribuído, como da forma como a integração é realizada.

Se estes dois sistemas estão isolados, o impacto da DLT fica limitado a uma mera simplificação dos procedimentos de gerenciamento da compensação e dos seus respectivos riscos. Se as mensagens das transações no livro-razão forem instruções para a liquidação à vista das transações, desaparece a necessidade da execução de diversos procedimentos administrativos que são atualmente realizados entre a captura e a execução das instruções de liquidação das transações.

As tecnologias de livro-razão distribuído permitem que a negociação e a liquidação dos títulos sejam realizadas quase ao mesmo tempo com liquidação instantânea (não é no mesmo dia, é dentro do ciclo D+0). Nos casos onde as plataformas de negociação estão conectadas com o livro-razão distribuído, é possível postar ordens no local da negociação ou no balcão de compra e venda caso o sistema integrado DLT consiga verificar a disponibilidade dos títulos na conta do vendedor e o valor do saldo em dinheiro vivo da conta do comprador.

A tecnologia necessária para fazer a liquidação instantânea de uma transação está disponível nos sistemas tradicionais atuais, no entanto, ela não é economicamente viável para ser implantada globalmente, por causa da grande quantidade de transações que são realizadas pelos atuais processos de negócio que são executados em vários bancos de dados em estrutura de silo.

A possibilidade de uma liquidação instantânea, ou seja, o livro-razão é atualizado imediatamente depois que uma transação é realizada e validada, afeta o papel da câmara de compensação para as transações realizadas em dinheiro vivo (para as transações com derivativos, a exposição ao risco precisa ser coberta e protegida até a execução do contrato).

A necessidade da disponibilidade imediata do título e do dinheiro elimina os riscos relacionados com a liquidez e com o crédito das transações realizadas com entrega imediata. Ainda não existem avaliações sobre o impacto no mercado da eliminação da liquidez na compensação e na formação dos preços.

Nas situações onde o livro-razão distribuído tem alguma latência ou existem contratos de derivativos que serão executados em um estágio posterior, a câmara de compensação será necessária para proteção contra os riscos até que ocorra de forma final e irrevogável a troca do título por dinheiro vivo.

Os contratos inteligentes permitem a compensação automática nos casos onde os sistemas de gerenciamento da garantia subsidiária estão conectados com o livro-razão distribuído e com as coberturas adicionais. O impacto do livro-razão nas incumbentes câmaras de compensação depende do nível da tecnologia implantada e da abrangência da decisão dos reguladores em delegar o processo de compensação para os contratos inteligentes.

Nos casos das DLTs onde a liquidação não é instantânea e a compensação é realizada antes da liquidação dos termos negociados da transação do título, os contratos inteligentes podem mudar a forma do gerenciamento da compensação e das garantias subsidiárias. Através da codificação dos contratos inteligentes no livro-razão, a central de contrapartidas do SPB pode fazer com que as coberturas adicionais sejam executadas automaticamente nas contas dos membros da câmara de compensação. O ciclo mínimo de liquidação das diversas DLTs varia entre alguns segundos e uma hora.

É importante destacar, que existem casos onde os compradores ou vendedores solicitam o empréstimo junto a uma terceira parte de títulos ou dinheiro vivo para cumprir os pré-requisitos da negociação e realizar a transação. Neste caso, as ordens são somente postadas após ter ocorrido a disponibilização dos títulos ou dinheiro vivo na conta do tomador do empréstimo em detrimento da conta do emprestador e as garantias subsidiárias exigidas pelo emprestador terem sido bloqueadas na conta do tomador do empréstimo.

A realização da transação ocorrerá através da transferência simultânea do título e do dinheiro vivo. Neste caso, o título e o dinheiro vivo estão disponíveis imediatamente para os envolvidos e, portanto, podem ser acessados pelos contratos inteligentes para a execução da transação no livro-razão. Esta inovação pode tornar a câmara de compensação desnecessária para os objetivos da validação das instruções das contrapartes e do gerenciamento do risco. Como consequência, as garantias subsidiárias que atualmente estão imobilizadas ou na central de contrapartidas do SPB ou na proteção bilateral do risco podem ser liberadas.

Alguns desenvolvedores entendem que a liquidação das DLTs pode funcionar 24 horas por dia, sete dias por semana e 365 dias por ano. Nos casos onde o livro-razão distribuído interage com várias entidades fora do livro-razão não é possível ter a liquidação funcionando continuamente (não é limitação técnica das DLTs).

O mercado reconhece que a central de contrapartidas do SPB opera em um ambiente de baixo risco e por causa disto a câmara de compensação consegue operar com uma baixa exigência de capital. Este fato pode fazer com que alguns intermediários financeiros prefiram trabalhar com a câmara de compensações. Para estes intermediários, a liquidação instantânea no livro-razão distribuído pode ser uma opção interessante caso a regulamentação bancária trate a liquidação como praticamente isenta de risco.

O fator que vai pesar na decisão de trabalhar ou não com a câmara de compensação é se os títulos e dinheiro vivo registrados no livro-razão são considerados apenas uma representação do mundo real que "reside" fora do livro-razão, ou se a liquidação da transação também é considerada como final fora do livro-razão.

Governança do livro-razão distribuído

A indústria financeira é uma indústria de rede. A adoção das DLTs, em qualquer formato para a pós-negociação das transações dos títulos, enfrenta os mesmos desafios da configuração atual da pós-negociação, ou seja, necessidade de padronização técnica, regras comuns de negócios e bons acordos de governança. Um fator crítico da decisão de adoção de uma DLT é o controle das especificações das regras comuns.

É preciso determinar se o controle das regras será de uma entidade privada (não importa se a entidade é uma Fintech iniciante ou uma instituição financeira bem estabelecida), ou será da comunidade que está usando a DLT. Alguns participantes do mercado uniram as suas forças para desenvolver uma instância comum para as tecnologias do livro-razão distribuído. No entanto, existem várias instituições que estão investindo os seus recursos no desenvolvimento de soluções próprias. Caso um padrão comum não prevaleça, a interoperabilidade será reduzida.

O principal obstáculo para a adoção e uso do livro-razão distribuído é o mesmo problema que tem impedido uma melhor interoperabilidade entre as instituições de pós-negociação, ou seja, falta de harmonização e padronização. Os padrões técnicos comuns e regras de negócio são pré-requisitos caso o mercado financeiro queira colher todos os benefícios da nova tecnologia, pois as tecnologias proprietárias permitem o aumento da eficiência da pós-negociação apenas para alguns grupos de instituições financeiras e a harmonização é uma necessidade que precisa ser atendida por todo o mercado financeiro.

Para conseguir alcançar ganhos em todo o mercado financeiro em termos de segurança e eficiência, os sistemas precisam comunicar com as várias DLTs adotadas (os desenvolvedores de DLTs entendem que o uso das mensagens de conformidade SWIFT/FIX/ISO20022 vai permitir a comunicação entre os diferentes sistemas).

Cenários do impacto dos vários níveis da implantação das DLTs na pós-negociação

Por causa do impacto do livro razão distribuído nas várias camadas da cadeia de valor, as decisões tomadas pelas principais instituições reguladoras do mercado (por exemplo, agentes depositários ou custodiantes e Comissão de Valores Mobiliários) em termos da adoção de uma DLT vai gerar consequências abrangentes para a pós-negociação dos títulos. As empresas desenvolvedoras das soluções, Fintechs, não vão conseguir competir em um mercado financeiro fortemente regulado, caso inexistam mudanças nos regulamentos atuais.

As maiores instituições financeiras podem usar as DLTs para internalizar a liquidação das transações. Neste caso, para que a solução seja economicamente viável e justifique o investimento necessário em Tecnologia de Informações e Comunicações (TIC), é preciso que o volume processado seja muito grande.

Cenário 1 – As instituições incumbentes adotam a nova tecnologia para melhorar eficiência interna e as práticas de negócio não são alteradas

Caso várias instituições decidam desenvolver individualmente a sua tecnologia proprietária preferida, o benefício será apenas o aumento da eficiência interna. Não existirá integração com as demais infraestruturas participantes do mercado para formar um sistema de liquidação de títulos rápido e interoperável. Neste cenário, os atuais arranjos de negócio são substituídos por um sistema equivalente formado por vários livros razões distribuídos e provocam um baixo impacto nas instituições envolvidas (por exemplo, livro razão distribuído compartilhado entre os intermediários que realizam as operações do lado da compra de uma transação de títulos).

Na figura a seguir, um conjunto de instituições de pós-negociação (no caso do exemplo, é o lado da compra) desenvolve uma DLT proprietária para o seu uso interno e todos os processos são realizados diretamente no livro-razão distribuído. Neste caso a DLT impacta apenas a eficiência da pós-negociação, pois as práticas de negócio são mantidas inalteradas.

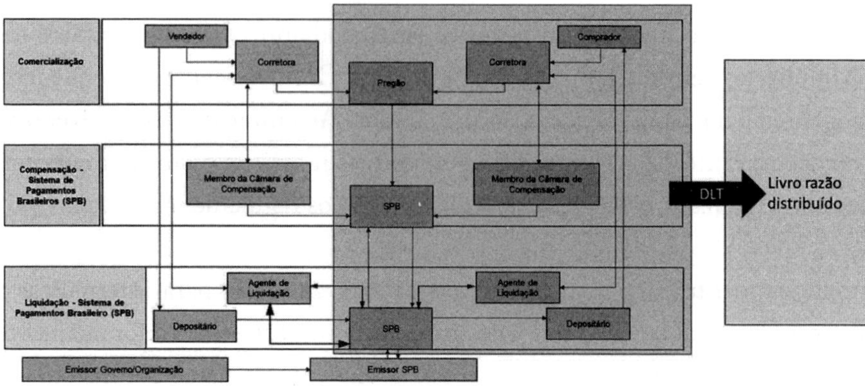

Neste cenário, a motivação das instituições para adotar as DLTs é a eliminação dos custos da reconciliação que foram estimados em 1,27 bilhões de dólares em 2017 (Reconciliation Technology Solutions in 2014: Recs Get Ready to Rumble..., http://aitegroup.com/report/reconciliation-technology-solutions-2014-recs-get-ready-rumble-..., acessado em 25/07/2017). A única conquista desta solução é que as mudanças na propriedade de um título serão atualizadas pelo processamento em tempo quase real das informações disponibilizadas pelos intermediários com acesso ao mesmo livro-razão.

O impacto desta mudança é pequeno por causa da quantidade de participantes envolvidos. Com vários grupos de instituições continuam usando um livro-razão distribuído estruturado em uma arquitetura de silo isolado, é preciso criar pontes de conexão com os diversos livros razão para reconciliar as contas ao longo da cadeia de intermediários (neste caso ela não foi alterada).

No cenário onde as instituições adotam a mesma DLT é possível criar a interoperabilidade entre a central nacional ou internacional depositária de títulos, central de contrapartidas e gerenciamento dos provedores dos serviços de garantias subsidiárias. A conclusão é que o cenário permite um claro aumento da eficiência, sem que ocorra um desenvolvimento significativo da integração do mercado.

Cenário 2 – As principais instituições (por exemplo, CVM, B3 - Brasil, Bolsa, Balcão etc.) adotam o mesmo livro razão distribuído, utilizado por todo o mercado. Neste cenário, a maioria das instituições periféricas perde relevância.

A adoção do mesmo livro-razão distribuído automatiza os processos de pós-negociação e como consequência aumenta a velocidade de execução. As transações são processadas e liquidadas em um único livro-razão distribuído. Deixa de existir neste cenário, o atual problema da atualização dos registros armazenados em vários bancos de dados estruturados como silos.

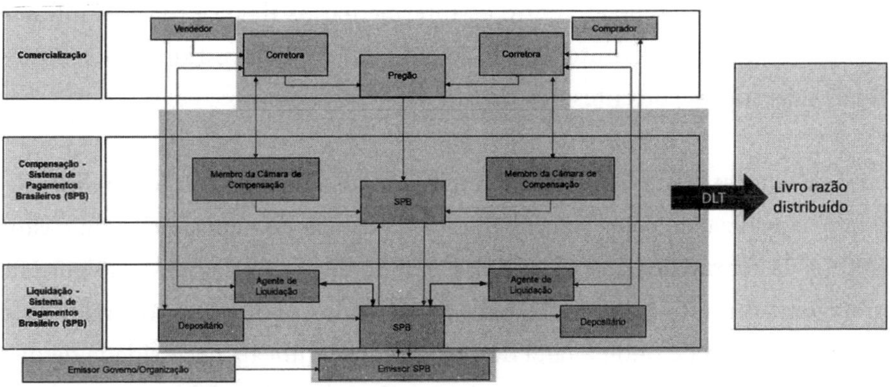

A adoção pela indústria de pós-negociação do mesmo livro-razão distribuído, permite a atualização automática das contas dos investidores dos títulos. Várias camadas da indústria perdem relevância em função da abrangência da implementação dos contratos inteligentes. Foi apresentado na figura anterior, o cenário de um livro razão distribuído onde o pregão da bolsa de valores ou os agentes de liquidação das corretoras permitem que uma terceira parte externa envolvida na negociação acesse o livro-razão distribuído.

Neste caso, os processos de crédito e débito realizados nas contas dos investidores dos títulos podem ser executados com o mesmo custo e eficiência de tempo que os atuais processos internos de liquidação que são executados contra as contas dos bancos do custodia. A vantagem é que o livro-razão distribuído permite a realização da segregação em contas individuais dos investidores sem custo adicional.

Os relatórios são gerados automaticamente em tempo quase real. Os reguladores podem acompanhar e rastrear cada uma das transações e podem verificar se as posições que estão em aberto estão em conformidade com os termos dos contratos e dos regulamentos das transações financeiras sobre a negociação de títulos. A interoperabilidade entre os intermediários financeiros e as infraestruturas do mercado, permite a conexão das contas dos investidores dos títulos com as suas contas correntes nos bancos.

O uso de contratos inteligentes torna redundante a maioria (ou todas) das atuais tarefas realizadas pelos intermediários da cadeia de depositários ou custodiantes e da central de contrapartidas. O ganho de eficiência oferecido por este estratagema é muito importante para os mercados onde a interoperabilidade é atualmente baixa e onde a falta de automação significa a necessidade de dias de processamento de uma pós-negociação para a liquidação de uma transação.

As transações dos títulos realizadas fora do pregão da bolsa de valores ganham maior transparência, neste cenário, pois os reguladores têm acesso ao livro-razão (é necessário que o livro-razão seja populado em real tempo com o mesmo tipo de informações que são atualmente enviadas para os repositórios de negócios de alguns segmentos do mercado de capital).

Cenário 3 – Emissoras dos títulos, governos ou as empresas Fintechs efetivam um sistema ponto-a-ponto para as transações dos títulos e criam um novo mundo para a pós-negociação

Neste cenário, os processos de pós-negociação atuais serão substituídos por processos de compensação e liquidação automatizados, onde os emissores dos títulos e os investidores finais fazem parte de uma rede ponto-a-ponto de negócios e transações. Este sistema permite que as Pequenas e Médias Empresas (PMEs) sejam financiadas por pequenos investidores. As PMEs participam, neste caso, de um nicho de mercado que funciona em paralelo ao mercado estruturado de emissão em larga escala de títulos.

As empresas e os governos podem emitir os seus instrumentos financeiros diretamente no livro-razão. Esta ferramenta é muito interessante para as empresas iniciantes que podem colocar as suas ações no mercado privado usando um contrato inteligente para executar todas as ações corporativas automaticamente. O artigo "Empresas levantam milhões usando apenas moedas virtuais" (http://www1.folha.uol.com.br/colunas/ronaldolemos/2017/05/1888225--empresas-levantam-milhoes-usando-apenas-moedas-virtuais.shtml?mobile, acessado em 25/07/2017) revelou que várias empresas estão utilizando este tipo de ferramenta financeira em 2017.

Os principais obstáculos para a realização deste cenário são as atuais regras do "conheça o seu cliente" (know-your-customer [KYC]) e "antilavagem de dinheiro" (anti-money laundering [AML]), pois no sistema de rede ponto-a-ponto, a formação dos preços dos ativos é realizada em uma plataforma de negociação aberta e a liquidação das transações é executada automaticamente no livro-razão distribuído. O desenvolvimento de inovações de identidade digital pode facilitar o endereçamento das necessidades dos principais desafios do sistema.

As entidades que conferem credibilidade e confiabilidade ao sistema e que são acreditadas pelos demais participantes da rede, precisam verificar a identidade dos investidores potenciais, para que eles possam ter uma conta e transacionar no livro-razão distribuído em conformidade com as regulamentações. A identidade digital não precisa ser outorgada por um intermediário financeiro e pode fazer parte das ferramentas de governo eletrônico que está sendo atualmente desenvolvida em vários países, por exemplo, Estônia e Finlândia.

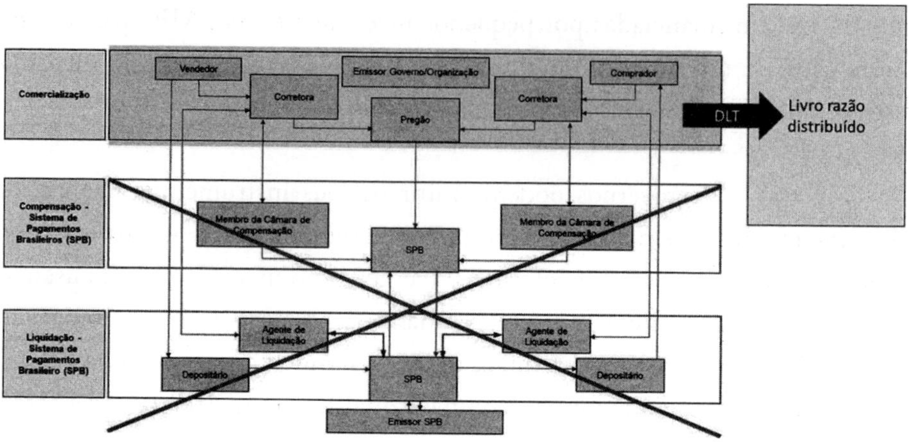

Na figura anterior é ilustrado como um mercado de títulos ponto-a-ponto baseado em uma DLT impacta a pós-negociação. É fácil perceber que caso o mercado migre para o modelo ponto-a-ponto, toda a cadeia de intermediários perde a sua relevância, pois as empresas ou governos podem emitir seus títulos diretamente no livro-razão distribuído. É preciso destacar que as atuais tecnologias de validação não protegem a privacidade.

O acesso direto ao livro-razão distribuído permite que os investidores sofisticados consigam estabelecer transações desleais, pois é possível, atualmente, rastrear a trajetória das atividades dos investidores não sofisticados. Neste caso, os participantes que querem estabelecer transações desleais usam as informações antecipadas sobre as necessidades da liquidez de cada um dos membros do mercado para realizar operações no mercado atual e futuro e assim manipular a formação dos preços (practice front-running). A consequência é o aumento do custo das transações dos investidores não sofisticados.

Em outras palavras, é preciso aumentar o nível do sigilo para que as informações sobre a liquidação das transações fiquem inacessíveis em tempo real para os participantes que não estão envolvidos com a negociação. Estão sendo desenvolvidas várias soluções técnicas para resolver este problema. Na maioria dos casos, as soluções usam algoritmos de "prova de conhecimento-zero" ou "protocolo de conhecimento-nulo" (zero-knowledge proof) que são métodos de validação que executam a liquidação de uma transação dentro da rede, onde os detalhes da transação são compartilhados apenas com as partes envolvidas.

Conclusões

As soluções de livro-razão consensual restrito e contratos inteligentes são viáveis e atraentes para as instituições da indústria financeira, pois elas permitem que os atuais modelos de negócio usados na pós-negociação das transações dos títulos, possam ser atualizados para um modelo de processos mais seguro, confiável e eficiente.

É preciso destacar que existem diversos fatores que são barreiras para a adoção das DLTs pela indústria financeira. A primeira é que as tecnologias ainda não estão maduras. A segunda é que inexistem certezas sobre quando todos os aspectos legais, operacionais e de governança estarão devidamente equalizados.

A terceira é que mesmo no caso onde as DLTs são adotadas plenamente, ainda existirão funções da pós-negociação que serão realizadas por instituições. Em outras palavras, as DLTs não irão nem provocar uma grande revolução nos principais mercados financeiros e nem ficarão limitadas para nichos específicos de mercado. O cenário mais provável é que as DLTs gerem uma mudança gradual nos processos da pós-negociação em todos os mercados financeiros.

Bibliografia

Nakamoto, S. (2008) "Bitcoin: A Peer-to-Peer Electronic Cash System", manuscript

Sompolinsky, Y. and Zohar, A. (2013), "Accelerating Bitcoin's Transaction Processing. Fast Money Grows on Trees, Not Chains", IACR Cryptology ePrint Archive, Report 2013/881

Swanson, T. (2015), "Watermarked tokens and pseudonymity on public blockchains", R3 publication

http://exame.abril.com.br/revista-exame/como-uma-pequena-empresa-esta-complicando-a-vida-da-bovespa/, Como uma pequena empresa está complicando a vida da Bovespa, acessado em 25/07/2017

https://ripple.com/, Ripple, acessado em 25/07/2017

http://www.nasdaq.com/, NASDAQ, acessado em 25/07/2017

https://symbiont.io/, Symbiont, acessado em 25/07/2017

https://www.overstock.com/, Overstock, acessado em 25/07/2017

http://aitegroup.com/report/reconciliation-technology-solutions-2014-recs-get-ready-rumble-..., Reconciliation Technology Solutions in 2014: Recs Get Ready to Rumble ..., acessado em 25/07/2017 http://www1.folha.uol.com.br/colunas/ronaldolemos/2017/05/1888225-empresas-levantam-milhoes-usando-apenas-moedas-virtuais.shtml?mobile, Empresas levantam milhões usando apenas moedas virtuais, acessado em 25/07/2017

Capítulo 2

Blockchain

O conceito de Blockchain surgiu da necessidade de um livro razão público descentralizado e confiável para autenticar as transações digitais sem a necessidade de uma autoridade central. Em 1996, a Gold & Silver Reserve Inc. (G&SR) criou a moeda digital E-gold para permitir a transferência de valores entre os seus correntistas.

Em 1998, o Wei Dai publicou o protocolo b-money que era um sistema digital e anônimo de pagamento (Criptomoeda, https://pt.wikipedia.org/wiki/Criptomoeda, acessado em 31/10/2016) e o Nick Szabo projetou um mecanismo de moeda digital descentralizada que ele chamou de bit gold (Nick Szabo, https://en.wikipedia.org/wiki/Nick_Szabo, acessado em 31/10/2016). Em 2002, Hal Finney propôs o sistema Reusable Proofs of Work (RPOW, https://web.archive.org/web/20040815031415/http://rpow.net/, acessado em 31/10/2016) que disponibiliza tokens para serem reutilizados pela Prova de Trabalho, Proof Of Work (POW).

Em 2008, o Satoshi Nakamoto comunicou que estava trabalhando na tecnologia da criptomoeda digital descentralizada Peer-to-Peer Bitcoin (Bitcoin: A Peer-to-Peer Electronic Cash System, https://bitcoin.org/bitcoin.pdf, acessado em 31/10/2016). O artigo descreveu a definição original do Blockchain. Em 2009, o Satoshi Nakamoto lançou como código-aberto o primeiro aplicativo de carteira digital (Bitcoin, https://en.wikipedia.org/wiki/Bitcoin#Mining, acessado em 31/10/2016) e garimpou o primeiro bloco de 50 criptomoedas ("genesis block").

Em 2015 foram lançadas várias plataformas de computação distribuída tanto para executar os contratos inteligentes do Bitcoin 2.0, como para o desenvolvimento de aplicações Blockchain. Em 2016, a tecnologia Blockchain está sendo alavancada pelas novas aplicações de contratos inteligentes e sistemas de negociação de ativos.

O Blockchain é um banco de dados distribuído dos registros de todas as transações ou eventos digitais que foram executados e compartilhados entre as partes participantes (livro razão público). Cada uma das transações registradas no livro razão público é verificada e aprovada por consenso pela maioria dos participantes do sistema.

Os registros publicados no livro razão público não podem ser apagados em tempo algum. Em outras palavras, o Blockchain contém todos os registos verificados e incontestáveis de todas as transações que foram realizadas. Como existem milhares de pessoas olhando os registros das transações no livro razão público é muito difícil para os criminosos encontrarem caminhos viáveis para burlar o Blockchain.

O Bitcoin é o mais popular exemplo prático da tecnologia Blockchain. A moeda digital Bitcoin pode criar um mercado global de trilhões de dólares de transações anônimas sem o controle governamental. Na prática, a moeda digital terá diversos controles. Serão criadas muitas regulamentações pelos governos. Foi afirmado que foi aberta em 26/01/2016, a primeira casa de câmbio de moeda digital regulamentada pelas autoridades do mercado financeiro dos Estados Unidos (Primeira casa de câmbio de Bitcoin regulada pelo governo abre nos EUA, http://g1.globo.com/tecnologia/noticia/2015/01/primeira-casa-de-cambio-de-bitcoin-regulada-pelo-governo-abre-nos-eua.html, acessado em 31/10/2016).

Foi revelado que o governo da Alemanha reconheceu em 19/08/2013 o Bitcoin como moeda, e ela pode ser usada como um meio de troca (Alemanha reconhece Bitcoin como 'moeda privada', http://canaltech.com.br/noticia/mercado/Alemanha-reconhece-Bitcoin-como-moeda-privada/, acessado em 31/10/2016).

Foi dito que a Dominica será o primeiro país a adotar o Bitcoin (Dominica será a primeira nação a adotar o Bitcoin, https://www.bitcoinnews.com.br/bitcoinbrasil/comunidade-da-dominica-sera-primeira-nacao-bitcoin/, acessado em 31/10/2016).

Foi declarado que as empresas chinesas investem pesado no Bitcoin (China disputa com Estados Unidos o controle do bitcoin, http://exame.abril.com.br/tecnologia/noticias/china-disputa-com-estados-unidos-o-controle-do-bitcoin, acessado em 31/10/2016).

A tecnologia Blockchain está sendo trabalhada incansavelmente nos últimos anos e tem alcançado sucesso nas aplicações globais financeiras e não financeiras. O modelo de consenso distribuído do Blockchain é uma das inovações mais importantes da Internet. A criptomoeda Bitcoin da tecnologia Blockchain é um software que tem o potencial de transformar o mundo em que vivemos em 2016. A economia digital é baseada na confiança que as pessoas têm nas autoridades reguladoras.

As transações digitais em tempo real exigem que as pessoas acreditem que todas as partes envolvidas estão dizendo a verdade (por exemplo, confirmação do provedor do serviço que o e-mail enviado foi entregue, confirmação da autoridade de certificação que o certificado digital é verdadeiro e válido, confirmação da rede que as postagens são compartilhadas apenas pelas pessoas endereçadas, confirmação da instituição financeira que o dinheiro enviado foi entregue para o destinatário).

Em 2016, as pessoas vivem o universo das transações digitais acreditando que a privacidade e a segurança prometidas por uma terceira parte para os ativos digitais é entregue. Várias vezes a segurança prometida pela terceira parte é falsa e compromete os ativos das pessoas.

Foi afirmado que hackear o ser humano é muito fácil (Sistema operacional humano: O paraíso dos hackers!, http://computerworld.com.br/seguranca/2014/10/13/sistema-operacional-humano-o-paraiso-dos-hackers, acessado em 31/10/2016).

Foi revelado que o ataque contra a base de dados da VTech vazou aproximadamente 5 milhões de contas de pais e crianças com nomes, fotos, endereços residenciais e senhas (Falha em segurança em brinquedos eletrônicos expõe milhares de crianças, http://idgnow.com.br/internet/2015/12/01/falha-em-seguranca-em-brinquedos-eletronicos-expoe-milhares-de-criancas/, acessado em 31/10/2016).

Foi dito que o custo médio de uma violação de dados nos Estados Unidos é de US$ 6,5 milhões e leva 256 dias para ser detectado e no Brasil, a perda provocada por uma única violação de dados pessoais críticos é de R$ 3,9 milhões (Há um verdadeiro caos de governança na segurança da informação, afirma IBM, http://computerworld.com.br/ha-um-verdadeiro-caos-de-governanca-na-seguranca-da-informacao-afirma-ibm, acessado em 31/10/2016).

A tecnologia Blockchain resolve vários desafios relacionados com a segurança digital. Ela tem o potencial de revolucionar o mundo digital ao habilitar o consenso distribuído onde todas as transações realizadas podem ser verificadas a qualquer momento. Não existe comprometimento da privacidade dos ativos digitais e das partes envolvidas. O consenso distribuído e o anonimato são duas das principais características da tecnologia Blockchain.

Os contratos inteligentes são um dos principais usos emergentes da tecnologia Blockchain. Os contratos inteligentes são programas de computadores que automaticamente executam os seus termos. As partes envolvidas no acordo formal inteligente concordam que o endereçamento das condições estabelecidas é condição necessária e suficiente para disparar de forma automática os respectivos pagamentos ou contrapartidas. Existe total transparência de cada uma das transações realizadas.

O ativo inteligente é um conceito relacionado com o controle da posse via Blockchain de um bem através de um contrato inteligente. O ativo pode ser um automóvel, uma residência, um computador, ações de uma empresa, direitos autorais ou de imagem ou uma determinada quantidade de moeda digital. É importante destacar que ter Bitcoins significa ter o controle da posse do dinheiro digital. A tecnologia Blockchain está sendo aplicada tanto às transações financeiras, como nas não financeiras.

As instituições financeiras e bancos estão olhando a tecnologia Blockchain como uma evolução (ou revolução) do seu modelo de negócio tradicional. Os maiores bancos do mundo estão buscando oportunidades para inovar com as aplicações do Blockchain. Foi afirmado que a empresa Guardtime anunciou uma parceria com a fundação de saúde digital da Estônia para entregar um sistema baseado na tecnologia Blockchain para garantir a integridade de mais um milhão de prontuários eletrônicos (Blockchain Startup to Secure 1 Million e-Health Records in Estonia , http://www.coindesk.com/blockchain-startup-aims-to-secure-1-million-estonian-health-records/, acessado em 31/10/2016)

Este exemplo mostra que as oportunidades de aplicações da tecnologia Blockchain não financeiras são extraordinárias. A prova de existência da tecnologia Blockchain oferece oportunidades de aplicações em: (i) todos os documentos legais, (ii) todos os registros de saúde do prontuário eletrônico, (iii) todos os pagamentos dos direitos autorais (músicas, livros e imagens, (iv) todos os pagamentos dos seguros de vida, imóveis etc. e (v) todas as atividades realizadas pelos atuais cartórios. O armazenamento da impressão digital na prova de existência do ativo digital garante o endereçamento das questões relacionadas como o anonimato e privacidade.

A tecnologia Blockchain é disruptiva para todas as indústrias de todos os países do mundo. A economia digital está crescendo exponencialmente e será um dos motores do crescimento da economia de diversos países. O universo digital explora cada vez mais os recursos disponíveis na Internet para alavancar exponencialmente o comércio eletrônico e permitir o compartilhamento seguro dos dados pessoais e dos acontecimentos da vida das pessoas.

Existem infinitas oportunidades geradas pela transformação digital que apenas começou. Em 2016, as principais aplicações não financeiras da tecnologia Blockchain estão relacionadas com cartórios, seguros, programas de fidelidade, tiquetes de refeição e outros.

Uma breve História do Bitcoin

No ano de 2008, o Satoshi Nakamoto (pode ser uma pessoa ou um grupo de pessoas) publicou o documento "Bitcoin: A Peer-to-Peer Electronic Cash System" (https://bitcoin.org/bitcoin.pdf, acessado em 31/10/2016). Este documento descreveu a versão do dinheiro eletrônico ponto-a-ponto que permitia a realização de pagamentos pelo envio de dinheiro digital em tempo real diretamente de uma pessoa para outra sem a necessidade do mesmo passar por uma instituição financeira centralizadora.

O Bitcoin foi a primeira realização prática deste conceito. A palavra criptomoeda é usada para descrever todas as redes e meios de troca que usam a criptografia para realizar transações seguras. O novo sistema Bitcoin vem gerando várias disrupturas nos sistemas financeiros computacionais, pois eles foram desenvolvidos para concentrar todas as operações no canal onde a instituição financeira confiável está presente.

O Satoshi Nakamoto preferiu o anonimato e muito pouco foi revelado sobre ele. Poucos meses após a publicação do documento, foi liberado e foi minerado o primeiro bloco de 50 criptomoedas ("genesis block"). Todos podem instalar e usar o programa de código aberto e fazer parte da rede ponto-a-ponto Bitcoin. Vem existindo um forte crescimento da penetração da criptomoeda Bitcoin na sociedade mundial desde a primeira garimpagem.

Em 18 de agosto de 2008, foi registrado o domínio bitcoin.org. Em 31 de outubro de 2008 foi publicado o documento com o projeto do Bitcoin. Em 9 de novembro de 2008 o projeto Bitcoin foi registrado no endereço Sourceforge.net. Em 3 janeiro de 2009 as 18:15:05 GMT foi garimpado o "genesis block". Na data de 9 de janeiro de 2009 foi liberado Bitcoin v0.1 (ele foi anunciado na lista de distribuição de e-mail de criptografia).

Em 12 de janeiro de 2009, foi realizada a primeira transação Bitcoin no bloco 170 do Satoshi para o Hal Finney. A popularidade do Bitcoin cresceu tanto desde 2008 que a sua tecnologia Blockchain está sendo aplicada em 2016 em várias aplicações fora do segmento financeiro.

O que é a tecnologia Blockchain?

A tabela a seguir mostra um exemplo do livro-razão público e distribuído do Blockchain (Ledger).

Ledger	
Cliente	Saldo
João	125,00
Maria	200,75
Pedro	100,10
...	...

A figura a seguir mostra um exemplo de rede Blockchain onde cada um dos nós da rede trabalha com a mesma cópia do livro-razão

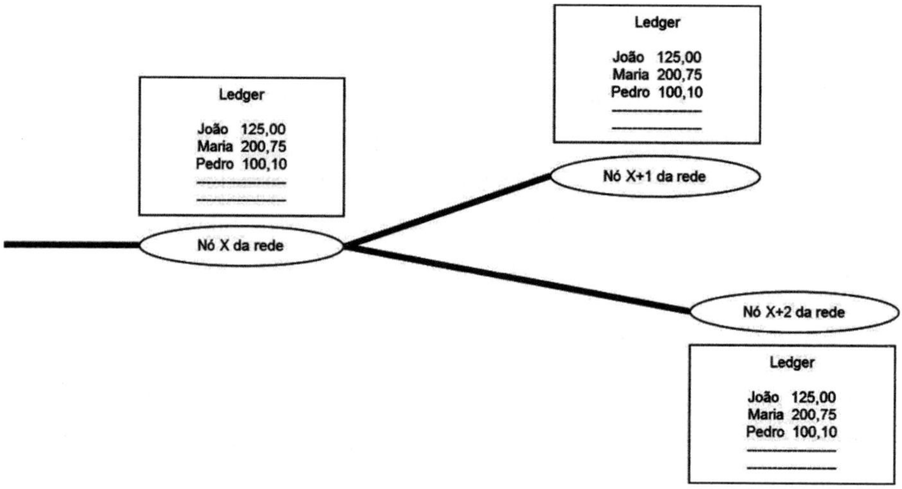

A figura a seguir mostra um exemplo do histórico de propriedade da cadeia de transações dos ativos.

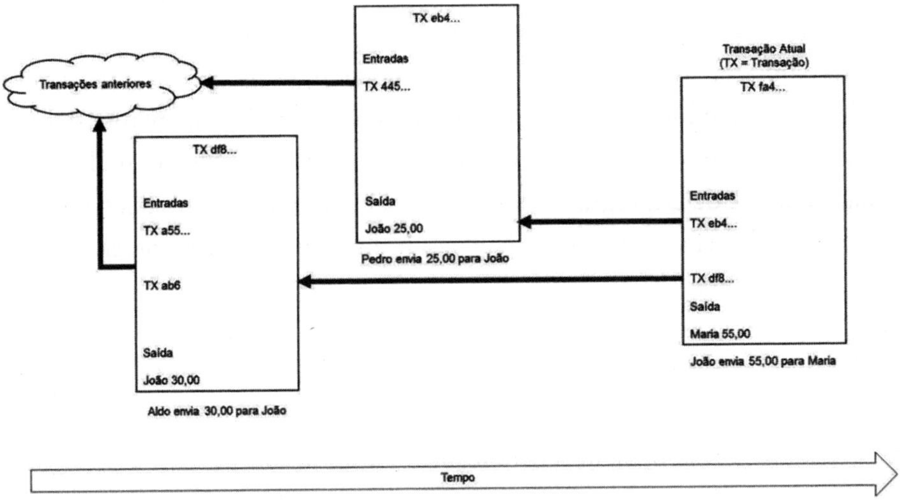

A tabela a seguir mostra um exemplo das mensagens das transações realizadas em Bitcoin (BTC).

<table>
<tr><th colspan="4">Mensagens das Transações</th><th></th></tr>
<tr><th>Origem do dinheiro</th><th>Destino do dinheiro</th><th>Quantidade em Bitcoin (BTC)</th><th>Assinatura digital</th><td rowspan="5">A assinatura digital sempre é diferente</td></tr>
<tr><td>João</td><td>Maria</td><td>5,00</td><td>04575444...</td></tr>
<tr><td>Pedro</td><td>Claudio</td><td>20,00</td><td>74562093...</td></tr>
<tr><td>Marco</td><td>Marta</td><td>35,00</td><td>34549988...</td></tr>
<tr><td>Olavo</td><td>Oswaldo</td><td>17,00</td><td>33775500...</td></tr>
</table>

A assinatura digital utiliza duas chaves de criptografia diferentes e conectadas. A chave privada de criptografia permite a criação da assinatura digital e a chave pública de criptografia permite que as pessoas verifiquem a assinatura digital. Em outras palavras, a chave privada de criptografia é a senha e a assinatura digital é um instrumento que permite provar a posse da chave privada de criptografia com privacidade.

A assinatura digital é única e ela é o resultado da função f(mensagem, chave privada), ou seja, assinatura digital = f(mensagem, chave privada). A função verificação de autenticidade = v(mensagem, chave pública, assinatura digital) permite que as pessoas verifiquem a autenticidade da assinatura digital usando a chave pública de criptografia. No Bitcoin a chave pública é usada como endereço para o envio do dinheiro. Para gastar dinheiro, o usuário precisa provar que:

1. É o verdadeiro proprietário do endereço da chave pública de criptografia por onde o dinheiro será enviado
2. Possui recursos suficientes para realizar a transação.

Provando a posse das chaves

A assinatura digital da transação (função da mensagem da transação e da chave de criptografia privada) permite que o usuário prove que é o verdadeiro proprietário do endereço da chave pública de criptografia. Como a assinatura depende da mensagem, ela é diferente para cada uma das transações e ela não pode ser reutilizada por outra pessoa, em uma outra transação. A dependência da assinatura com a mensagem significa que ninguém pode modificar a mensagem enquanto ela está trafegando na rede. Qualquer mudança na mensagem vai invalidar a assinatura digital.

Em outras palavras, o envio do dinheiro não é o envio de mensagem para um endereço. Ele é na realidade o envio de um enigma que precisa ser resolvido. O envio do dinheiro pode ser comparado com o armazenamento do dinheiro em um cofre público cujo segredo de abertura é um desafio matemático. O desafio ou enigma é definido usando uma linguagem especial de programação e apenas o proprietário da chave pública de criptografia consegue resolver o enigma.

É possível criar um desafio mais complexo para transações sofisticadas como os títulos de dívidas. Neste caso, é preciso, por exemplo, possuir duas de três chaves públicas para resolver o enigma. Como no Bitcoin não existe intermediários como bancos ou empresas de cartões de crédito, os erros do usuário podem resultar em perda permanente dos Bitcoins da conta do usuário e do sistema.

Se a chave privada de criptografia for perdida, todos os bens e ativos associados com a chave pública de criptografia serão perdidos para sempre. Como os usuários podem perder a sua chave privada de criptografia por uma falha no seu equipamento e pela falta de backup, isto significa que a criptomoeda Bitcoin é deflacionária.

Os usuários que transacionam Bitcoin através de uma rede TOR (The Onion Router, https://en.wikipedia.org/wiki/Tor_%28anonymity_network%29, acessado em 31/10/2016) que esconde o seu IP address (Internet Protocol address, https://en.wikipedia.org/wiki/IP_address, acessado em 31/10/2016) revelam apenas a sua chave pública de criptografia. Para evitar que outras pessoas inter-relacionem as suas transações realizadas, o usuário pode gerar uma nova chave pública de criptografia para cada transação.

Provando que possui recursos suficientes para realizar a transação

Para um usuário gastar uma determinada quantia de dinheiro, ele precisa provar que possui o valor que será enviado. O usuário que quer enviar 10,0 BTC para o João indica no processo de envio do dinheiro uma ou mais transações onde ele recebeu o total de 10,0 ou mais Bitcoins. Os outros nós da rede vão verificar se o usuário realmente recebeu estas transações e se o total das entradas de dinheiro é de 10,0 ou mais Bitcoins.

Para validar a transação, os nós da rede precisam ter certeza que as entradas de dinheiro indicadas pelo usuário não foram gastas. Isto significa que todas as transações de uma determinada entrada de dinheiro são verificadas para que seja possível afirmar que a mesma não foi gasta. Para facilitar o trabalho, os nós da rede usam o índice das transações que não foram gastas no processo de verificação e validação.

Nos casos onde as entradas indicadas pelo usuário superam o valor que será enviado (saída) é adotada uma regra simplificadora. O usuário indica uma saída que representa o gasto do dinheiro e uma outra saída com endereço para ele mesmo com a diferença entre o valor total das entradas e o valor gasto. No caso do exemplo, o usuário tem três entradas de 4,0 Bitcoins fazendo um total de 12,0. Ele vai indicar uma saída que representa o envio de 10,0 Bitcoins para o João, e uma saída que representa o envio de 2,0 Bitcoins para ele mesmo.

Quebrando o anonimato

Como para gastar o dinheiro é preciso que tenha ocorrido uma ou mais entradas de dinheiro na conta, então o anonimato pode ser quebrado. Por exemplo, um gasto de 99 BTC, será autorizado, validado e realizado pela indicação das respectivas entradas deste recurso. Pode ser apenas uma entrada de 99 BTC, através de um endereço, como pode ser, por exemplo, três entradas de 33 BTC de três endereços diferentes.

Neste caso, a transação de 99 BTC vai conectar os três endereços diferentes usados na recepção de cada um dos 33 BTC, pois a assinatura digital do gasto de 99 BTC prova que as três entradas de 33 BTC e a saída de 99 BTC são referentes à conta da mesma pessoa. Ou seja, é possível pesquisar o comportamento do usuário estudando as transações Bitcoin (Quantitative Analysis of the Full Bitcoin Transaction Graph, http://eprint.iacr.org/2012/584.pdf, acessado em 31/10/2016).

Para criar randomicamente uma nova chave privada e pública de criptografia basta clicar na carteira digital. É importante destacar que o endereço de entrada da chave pública de criptografia não é conectado com a identidade real. É possível criar o endereço estando desconectado da rede. Como existe uma gama de endereços diferentes, não é necessário verificar se outra pessoa está usando esta chave. Caso um usuário descubra uma chave existente, ele terá acesso ao criptodinheiro associado com ela.

O Blockchain é um livro-razão público único, seguro e distribuído que registra de forma imutável todas as transações de ativos digitais realizadas entre as pessoas. As principais características do livro caixa público distribuído são: (i) Privacidade. É assegurado o anonimato para as partes participantes das transações; (ii) Descentralização Operacional. Inexistência de uma instituição centralizadora ou de intermediários para autorizar as transações; (iii) Resiliência.

Todos os nós da rede mantêm cópias completas do livro-razão público do Blockchain; (iv) Custo Unitário Marginal Zero. O custo das transações é muito baixo e tem tendência para zero; (v) Elevado Nível de Rastreabilidade. Todas as transações realizadas são auditadas; (vi) Elevado Grau de Segurança e Governança de Longo Prazo. Todas as transações registradas no livro-razão público distribuído são imutáveis, pois os mineradores resolvem problemas complexos e sempre chegam à mesma e única solução. Caso exista uma ação para fraudar o livro-razão público distribuído através de um bloco fraudulento, todos os nós da rede vão discordar da sua integridade e vão impedir a sua incorporação. A ampla distribuição física dos mineradores impede a criação e existência de um elo digital frágil que possa ser explorado pelos fraudadores digitais; (vii) Customização.

É possível programar a forma de utilização da moeda digital para permitir transações apenas com algumas pessoas. Por exemplo, é programada uma regra onde a criptomoeda pode ser utilizada por apenas alguns fornecedores.

A natureza irreversível das transações registradas no livro-razão público gera como consequência uma maior segurança operacional. Os outros benefícios da tecnologia Blockchain são:

- Execução rápida das transações
- Aumento da eficiência operacional
- Baixo custo por transação
- Impossibilidade de adulteração dos registros imutáveis do livro-razão público distribuído

Existem várias barreiras que dificultam uma adoção mais ampla da tecnologia Blockchain. As principais são: (i) Ainda não existem informações disponíveis para quantificar os benefícios e estimular a sua adoção; (ii) A adoção da tecnologia pelas corporações ainda é tímida por causa de incertezas externas; (iii) As empresas estão enfrentando problemas com a infraestrutura da tecnologia; (iv) Não existe disponível no mercado uma clara política reguladora da tecnologia e para o seu suporte e (v) O foco dado pelo mercado de utilização da tecnologia Blockchain apenas como uma rede de criptomoedas está limitando a visualização mais ampla das suas aplicações.

A tecnologia Blockchain cria uma rede descentralizada de credibilidade e confiabilidade que permite a transferência direta de valores entre as pessoas. No sistema de credibilidade e confiabilidade centralizada, a transferência de valores do João para a Maria exige uma ou mais autoridades acreditadoras centralizadas. Por exemplo, banco do João, banco central do Brasil, banco da Maria. Neste caso o banco central do Brasil é o intermediário central que transfere o valor entre as duas partes.

Por causa da estrutura de independência das autoridades acreditadoras, todos os envolvidos na transação mantêm o seu livro-razão individual. Existem transações que demandam por vários intermediários para que todas as partes envolvidas fiquem conectadas. Isto ocorre, por exemplo, em transações internacionais porque não existe um intermediário que é capaz de acessar todos os envolvidos. No sistema centralizado, a segurança e a exatidão da transação dependem de cada um dos intermediários centrais.

A tecnologia Blockchain permite a transferência de valores do João para a Maria através de uma rede descentralizada de confiança, onde cada um dos nós da rede mantém uma cópia completa do livro-razão público distribuído que é atualizado a cada nova transação aprovada. O processo de aprovação de uma transação exige a obtenção do consenso das várias cópias do livro-razão público distribuído (mantido por cada um dos nós da rede de acreditação) para manter a integridade do sistema.

São utilizados protocolos de criptografia para reforçar a segurança das transações. Os tokens podem ser reutilizados (RPOW, Reusable Proofs of Work) para registrar novas transações. A tecnologia Blockchain permite a transferência de valores com segurança através de uma rede distribuída de acreditação sem a necessidade de uma autoridade central de acreditação.

Como funciona a tecnologia Blockchain

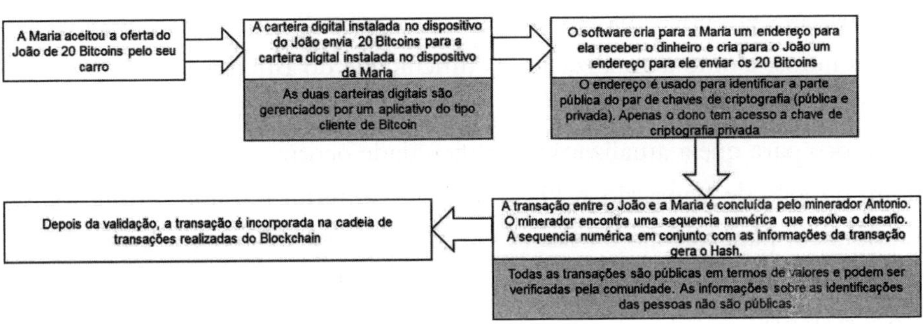

O conjunto de transações Blockchain é formado pelas transações primárias e transações verificadoras. Um exemplo típico de uma transação primária é: O João quer transferir um ativo digital para a Maria. Para tal, o João envia o ativo da sua carteira digital para o endereço da Maria e assina digitalmente a transação com a sua chave privada de criptografia (podem existir cobranças de taxas pela transação).

A transação é transmitida para todos os nós da rede Blockchain para validação (os nós da rede podem ser do tipo Full que processa um Blockchain completo ou do tipo Lightweight que processa uma parte do Blockchain).

Para que os mineradores possam validar o remetente (João), um endereço público é conectado à chave privada de criptografia do João e todos os nós da rede usam o endereço público para verificar se o João é o dono legítimo da conta.

Caso a verificação das informações da veracidade da conta do João seja bem-sucedida e ele tenha saldo suficiente para a transferência, a Maria recebe o ativo digital na sua conta e todas as suas transações futuras na rede Blockchain são construídas sobre este bloco de transação.

Um exemplo típico de uma transação verificadora é: Os mineradores reúnem as transações em novos blocos de transações periodicamente (em geral a cada dez minutos. Como a atualização da dificuldade do Bitcoin é feita após a geração de 2016 blocos, é preciso que a frequência de geração seja de 10 minutos por bloco para que a atualização da dificuldade ocorra a cada duas semanas) e usam o bloco de transação, o Hash do bloco anterior e o nonce (um número randômico) para calcular o Hash. O Hash correto resolve o desafio de dificuldade do algoritmo de mineração da tecnologia Blockchain (Hashcash proof of work system).

Quando o minerador vencedor encontra o nonce correto e cria o Hash, ele o transmite para toda a rede do Blockchain para notificar todos os demais que a transação foi verificada. Os demais mineradores começam a trabalhar no próximo conjunto de transações.

Antes de adicionar um bloco ao Blockchain, os mineradores verificam a prova de trabalho (Proof of Work). Caso mais da metade dos nós verificadores aceitem a prova de trabalho, o bloco é aceito e é adicionado ao Blockchain. O minerador vencedor recebe os Bitcoins e as taxas da transação (se for o caso). Em resumo, uma transação Blockchain é transmitida para todos os nós da rede e é validada através do cálculo de um Hash criptográfico.

Os conceitos da tecnologia Blockchain e Bitcoin estão umbilicalmente conectados, por causa disto é importante destacar que a tecnologia Blockchain pode ser usada em todas as transações em tempo real de ativos digitais. As transações financeiras em tempo real usando uma terceira parte acreditadora como bancos, PayPal etc. passam por três etapas que são realizadas em sequência: validação das entradas, proteção das entradas e preservação dos registros históricos.

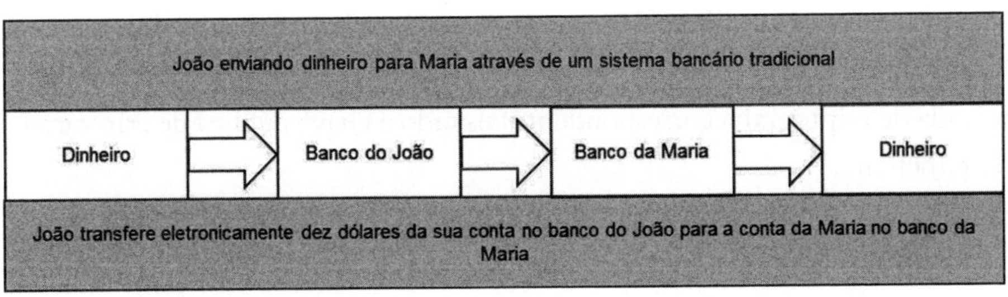

O comércio eletrônico através da Internet é unicamente realizado por instituições financeiras que atuam como a terceira parte que oferece confiabilidade e credibilidade para todas as transações eletrônicas. Os processos internos das lojas eletrônicas e dos clientes são projetados e executados em função das funcionalidades e capacidades (processamento e mediação) oferecidas pelas instituições financeiras.

O papel atual da terceira parte é oferecer credibilidade e confiabilidade ao sistema do comércio eletrônico pela validação, proteção e preservação das transações. As transações digitais em tempo real podem ser fraudadas e por isto é necessária a mediação de uma instituição financeira confiável. Por causa da necessidade de mediação, o custo das transações do comércio eletrônico é bastante elevado.

O Bitcoin usa a criptografia para assegurar a credibilidade e a confiabilidade das partes que desejam realizar transações em tempo real através da Internet, por causa disto ele não precisa que uma terceira parte ofereça credibilidade e confiabilidade para as transações financeiras. Todas as transações são protegidas por uma assinatura digital. As transações enviadas para o destinatário são criptografadas com a sua chave pública de criptografia e são digitalmente assinadas com a chave privada de criptografia do remetente.

Em outras palavras, "para gastar o seu dinheiro, o dono da criptomoeda precisa comprovar que possui a sua chave privada de criptografia". O destinatário da transação que está recebendo a moeda digital verifica a validade da assinatura digital da transação recebida (ou seja, o remetente realmente possui a chave privada de criptografia correspondente) usando a chave pública de criptografia do remetente.

Todas as transações são transmitidas para todos os nós da rede Bitcoin e então elas são registradas no livro-razão público descentralizado após a sua verificação. Todas as transações são verificadas e validadas antes de serem registradas no livro-razão público descentralizado. Os nós verificam e asseguram que o remetente possui uma conta da criptomoeda e que ele tem criptomoeda suficiente na sua conta corrente para realizar a transação.

É feita a verificação da assinatura digital da transação usando a chave pública de criptografia do remetente. Todas as transações realizadas e registradas no livro-razão público descentralizado são analisadas contra a conta corrente do remetente para assegurar que existe saldo suficiente para efetuar a transação.

Roteiro dos passos realizados por uma operação financeira usando a tecnologia Blockchain. Passo1: O João deseja enviar dinheiro para a Maria. Passo 2: A transação é representada online como um bloco da rede Blockchain. Passo 3: O bloco é enviado para todas as partes (nós) da rede. Passo 4: Os operadores (mineradores) aprovarão a transação se ela for considerada válida. Passo 5: O bloco é adicionado à cadeia de blocos e é gerado um registro da transação que não pode ser apagado e é transparente para todos. Passo 6: O dinheiro do João é transferido para a Maria.

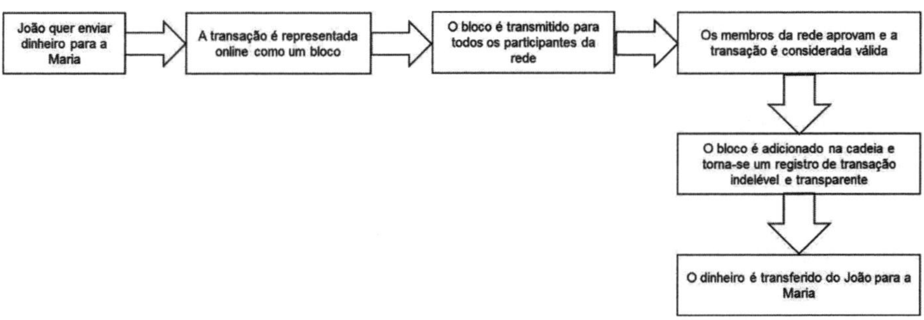

Para o correto funcionamento da rede Blockchain, é preciso manter a ordem cronológica das transações que são transmitidas para todos os nós da rede ponto-a-ponto Bitcoin, pois as transações não chegam para todos na ordem cronológica em que elas foram geradas. Para resolver este problema é preciso ter um sistema controlador da ordem cronológica das transações para assegurar que a mesma criptomoeda não seja gasta duas ou mais vezes. Como as transações navegam nó por nó através da rede Bitcoin, não existe nenhuma garantia que as ordens que são recebidas em um nó estão na mesma ordem cronológica em que as transações foram geradas. A figura a seguir revela o fenômeno do duplo gasto da mesma criptomoeda por causa dos atrasos na propagação das ordens na rede ponto-a-ponto.

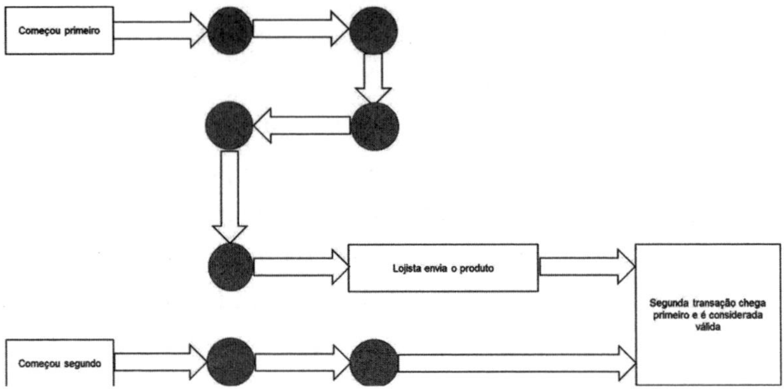

Para resolver o problema do duplo gasto da mesma criptomoeda, os mineradores apenas aceitam um novo bloco, se todas as transações que estão contidas nele são válidas e não estão presentes nos outros blocos. Após resolver o problema do duplo gasto, é preciso desenvolver um mecanismo para que toda a rede Bitcoin concorde com a ordem cronológica das transações. Esta é uma tarefa desafiadora para todos os sistemas distribuídos. A figura a seguir mostra como é gerado o Blockchain a partir de transações não ordenadas cronologicamente.

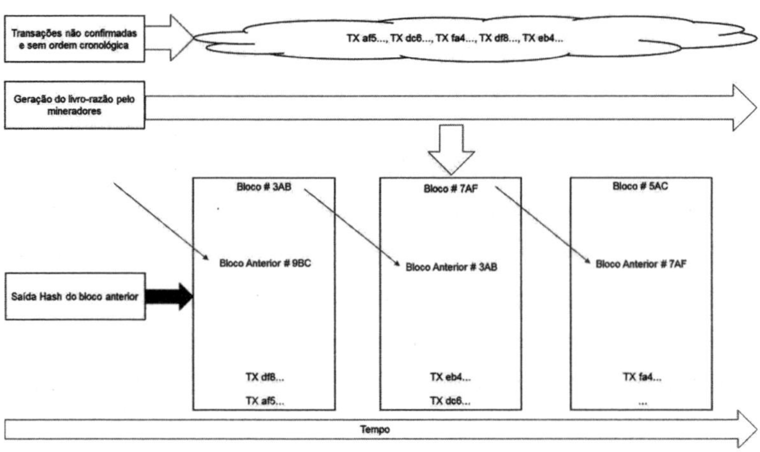

O Bitcoin resolveu o problema de ordem cronológica das transações através da tecnologia Blockchain. O sistema do Bitcoin ordena cronologicamente as transações distribuindo-as em grupos que são chamados de blocos e conectando os blocos através do Blockchain. Para todos os efeitos, as transações dentro de um bloco acontecem todas ao mesmo tempo. Os blocos são conectados entre eles em forma de fila indiana (como uma corrente) conforme a ordem cronológica. Cada bloco tem o Hash do bloco anterior.

O problema ainda foi totalmente resolvido com a fila indiana dos blocos, pois cada um dos nós pode receber transações não confirmadas, criar um bloco e transmitir ele para toda a rede como sugestão do bloco que deve ser o próximo no Blockchain.

Isto significa que é preciso estabelecer um critério eficiente e eficaz para que a rede decida sobre qual será o próximo bloco do Blockchain, pois podem existir diversos blocos criados ao mesmo tempo pelos nós da rede. Neste caso, é impossível acreditar na ordem cronológica dos blocos, pois os blocos podem chegar a uma ordem cronológica diferente em vários pontos da rede.
O Bitcoin resolveu este problema com a introdução do desafio matemático: o bloco será aceito no Blockchain desde que contenha a resposta para um problema matemático muito especial. Este desafio é conhecido como "prova do trabalho" ("Proof Of Work"), ou seja, o nó que gerou o bloco precisa provar que existem recursos computacionais suficientes para resolver o desafio matemático.

A prova do trabalho é encontrar um bloco cujo Hash comece com um certo número de zeros. O valor do Hash é totalmente aleatório ou imprevisível. Para encontrar o Hash no valor desejado é preciso trabalhar por tentativa e erro os diferentes códigos até encontrar o Hash correto.

O trabalho exigido para encontrar um Hash "bom" aumenta exponencialmente conforme o número exigido de zeros. A verificação da validade do Hash é rápida, pois é preciso calcular o Hash apenas uma vez. Por exemplo, o nó precisa encontrar o "nonce" que é um número aleatório único (imprevisível) com um certo número de zeros no seu começo que é gerado a partir do bloco de transações e do Hash do bloco anterior.

O esforço médio demandado cresce exponencialmente em função do número exigido de zeros. A verificação é um processo simples. Ela é feita pelo cálculo do Hash uma única vez. A tabela a seguir mostra um exemplo da corrida matemática para proteger as transações.

Encontrar um valor para x, onde f(bloco + x) < t (Hash criptográfico)							
f(ID do bloco anterior, transações, nonce) = Hash < objetivo							
Desafio matemático		Conteúdo do bloco					
		ID do bloco anterior	Transações	Nonce	Hash	Objetivo	Resultado
	Inequação	# 9BC	TX af5, TX df8	4561	85	60	Rejeitado
		# 9BC	TX af5, TX df8	4562	115	60	Rejeitado
		# 9BC	TX af5, TX df8	4563	77	60	Rejeitado
		# 9BC	TX af5, TX df8	4564	94	60	Rejeitado
		# 9BC	TX af5, TX df8	4565	87	60	Rejeitado
		# 9BC	TX af5, TX df8	4566	56	60	Aprovado

O desafio matemático não é de solução trivial e a complexidade do problema pode ser ajustada para que um nó da rede Bitcoin encontre a solução e gere em média um bloco a cada dez minutos. Existe uma probabilidade muito pequena que mais de um bloco seja gerado no sistema ao mesmo tempo. O primeiro nó que resolver o problema transmite o bloco para toda a rede. No entanto, é possível que mais de um bloco seja resolvido ao mesmo tempo. Este fenômeno leva a cadeia de blocos para várias possíveis ramificações.

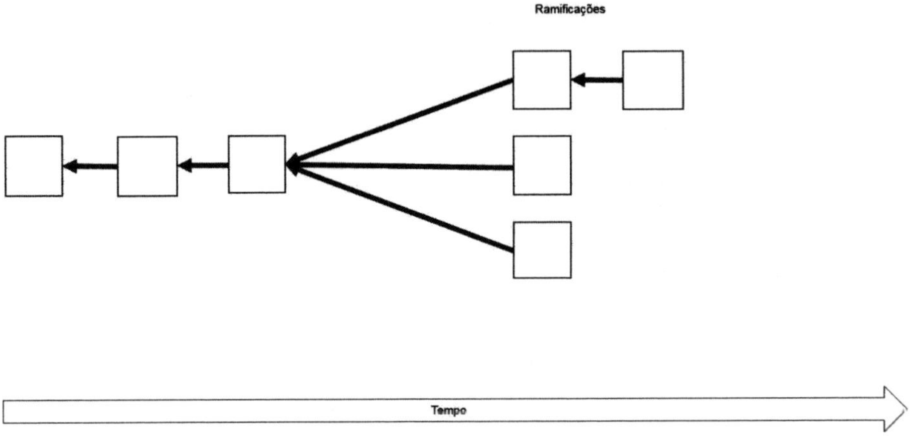

No caso de uma ramificação, cada um dos nós da rede vai construir o próximo bloco da cadeia em cima do primeiro que ele recebeu e a cadeia vai quebrar quando outro nó da rede for resolver o bloco seguinte. A regra geral nestes casos é que cada um dos nós da rede mude para a cadeia de blocos mais longa disponível. A matemática exigida faz com que o fenômeno de solução de vários blocos ao mesmo tempo seja muito raro e seja mais raro ainda a sua ocorrência várias vezes na mesma cadeia.

Isto significa que a cadeia de blocos vai estabilizar rapidamente e todos os nós da rede vão concordar sobre a ordem cronológica dos últimos blocos do final da corrente. Os nós que doam os seus recursos computacionais para resolver o desafio matemático e geram os blocos são chamados de nós mineradores. Os mineradores são recompensados financeiramente pelos esforços realizados.

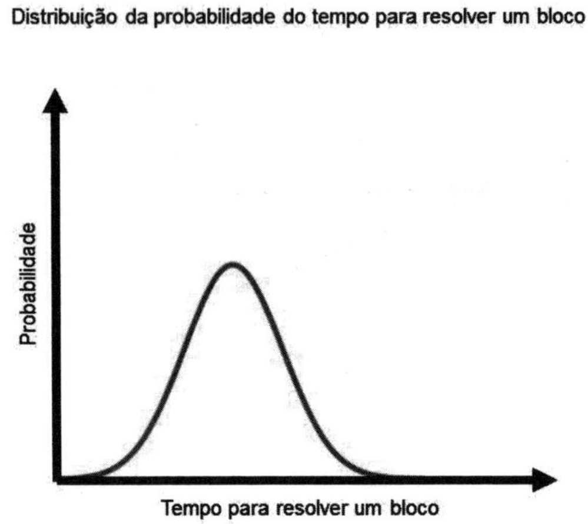

A figura a seguir exemplifica o tempo que um fraudador precisa vencer a corrida matemática para gerar um ataque bem-sucedido de duplo gasto da mesma moeda.

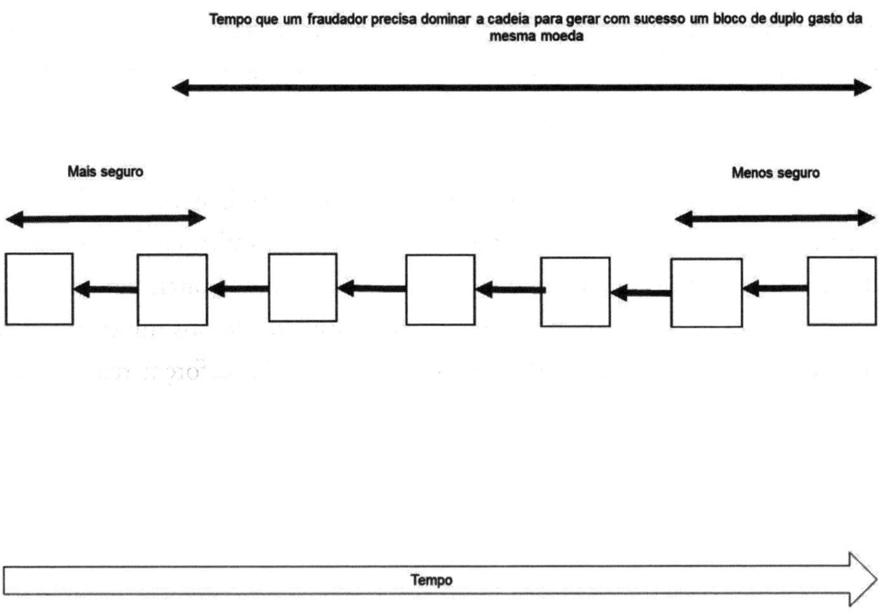

As transações no Blockchain são protegidas pela corrida matemática. Um atacante que for capaz de vencer um nó da rede na corrida tem que superar também todos os outros nós da rede. A consequência da construção de um novo bloco em cima de um bloco existente é que as transações mais antigas vão ficando cada vez mais seguras.

Um atacante tem que dominar a rede por um bom tempo para conseguir um ataque de duplo gasto do mesmo dinheiro (através da substituição de um bloco) bem-sucedido. Em outras palavras, o sistema só tem fragilidade em relação a um ataque de duplo gasto do mesmo dinheiro nos blocos próximos do fim da cadeia. Para eliminar esta fragilidade basta esperar pela inclusão de vários blocos na cadeia antes de considerar que o dinheiro foi recebido.
A rede somente aceita como válido o Blockchain mais comprido. Como consequência, é quase impossível que um fraudador consiga introduzir uma transação, pois ele tem que gerar um bloco resolvendo o desafio matemático ao mesmo tempo em que ele disputa a corrida matemática competindo contra os bons nós para gerar todos os blocos subsequentes na ordem cronológica para que os outros nós da rede aceitem a transação como válida. A fraude de uma transação ou bloco ficou muito mais difícil e improvável depois que todos os blocos do Blockchain foram conectados através da criptografia.

Blockchain e o sistema financeiro

Os estudos do mercado do sistema financeiro internacional e brasileiro revelaram que ocorreu no primeiro semestre do ano de 2016 um espetacular crescimento em relação ao mesmo período de 2015 da quantidade de grandes e conhecidos bancos, bolsas de valores e outras organizações provedoras de serviços financeiros que estão avaliando as suas estratégias futuras (2017 até 2020) para as criptomoedas e tecnologia Blockchain.

> *Foi revelado que a McKinsey estimou que o Brasil tenha no ano de 2015 um ganho de 152 bilhões de dólares na economia pelo uso de transações digitais no setor financeiro.*
> Fonte: Economia brasileira pode ganhar R$ 495 bilhões com digitalização dos serviços financeiros, http://cio.com.br/noticias/2016/09/30/economia-brasileira-pode-ganhar-r-495-bilhoes-com-digitalizacao-dos-servicos-financeiros/, acessado em 31/10/2016.

Em 2016, a maioria dos provedores de serviços financeiros percebeu que o modelo de livro-razão público e descentralizado do Blockchain aumenta a resiliência e transparência do negócio. A criptomoeda deixou de ser vista como o objetivo final. O estudo "Mercado da tecnologia Blockchain no sistema financeiro" destacou a importância de conhecer e mitigar os riscos inerentes da tecnologia em relação aos aspectos técnicos e competitividade.

As empresas do sistema financeiro estão começando a entender com mais clareza o potencial da tecnologia Blockchain para melhorar a sua eficiência operacional e para reduzir os riscos. A redução do prazo para a liquidação das operações, o estabelecimento de acordos com maior rapidez, a validação forte das identidades e a marcação da data e hora aumenta a conformidade e elimina as falhas e riscos introduzidos pelo fator humano nos acordos estabelecidos. Em outras palavras os custos são reduzidos, a qualidade é aumentada, os serviços entregues para os clientes são melhorados, o volume de receitas perdidas é reduzido e as disputas e atritos com os clientes são minimizados.

A transparência oferecida pelo livro-razão público e descentralizado do Blockchain é capaz de melhorar a reputação (credibilidade) das instituições financeiras em um ambiente de negócios onde os bancos e outros membros do sistema financeiro precisam oferecer transparência total tanto para as organizações e pessoas que estão do outro lado do comércio, como para os agentes reguladores, como para os investidores e como para os clientes.

A validação forte da identidade é uma aplicação que reduz o risco e aumenta a transparência. O compartilhamento das informações básicas da identidade com membros específicos da cadeia produtiva sem revelar as identidades (processo de investigação de todo o histórico das transações registradas no Blockchain realizado conforme a necessidade) aumenta o nível de confiança que os membros da cadeia de negócio ou pessoas depositam no provedor financeiro ou na outra parte interessada.

Os membros do sistema financeiro tradicionais sabem que a adoção mesmo que parcial das criptomoedas vai pressionar a atual estrutura de tarifas dos bancos. Isto significa que o sistema financeiro precisa entender como a infraestrutura trabalha e como é o funcionamento das transações.

> *Foi afirmado que a empresa japonesa de serviços de Bitcoin Coincheck anunciou em 2016 a solução Coincheck Denki, ou seja, os usuários poderão pagar as suas contas de luz usando o Bitcoin com descontos de até 6%.*
> Fonte: Japão aceitará pagamento de contas de luz em Bitcoin, http://olhardigital.uol.com.br/pro/noticia/japao-aceitara-pagamento-de-contas-de-luz-em-bitcoin/62483, acessado em 31/10/2016.

O conhecimento da tecnologia Blockchain é a chave que vai permitir que os bancos ofereçam novos serviços e eliminem (ou reduzam) as tarifas dos serviços existentes (é importante que os bancos encontrem caminhos para sobreviver sem as receitas geradas pelas tarifas dos serviços atualmente existentes). A adoção de uma criptomoeda ou de serviços baseados no Blockchain (serviços financeiros que exigem o compartilhamento descentralizado dos elementos de valor) vai gerar a necessidade de novas ofertas de serviços e produtos financeiros pelos bancos.

> *Foi revelado que os profissionais com experiência em tecnologia, startups ou empresas "ponto com" selecionados liderarão os projetos de transformação*

digital do banco Itaú.
Fonte: Itaú procura experts em tecnologia para programa digital, http://computerworld.com.br/itau-procura-experts-em-tecnologia--para-programa-digital, acessado em 31/10/2016.

É muito provável que no futuro próximo (até 2020), os bancos aumentem o preço das tarifas para os clientes das transações que usam meios de pagamento de baixa eficiência como o papel moeda (dinheiro tradicional) ou cheques. Como os membros do sistema financeiro frequentemente fazem comparações e aprendem uns com os outros, é provável que todo o sistema financeiro trabalhe no mesmo formato. É evidente que as criptomoedas e o Blockchain vão gerar novos riscos competitivos para os bancos.

Os bancos entendem que o cenário para o seu ambiente de negócios é de mudança radical. Em outras palavras, para eles, as mudanças escancararão as suas portas em breve. Na visão dos bancos, as ações dos agentes reguladores que atuam dentro da sua área de jurisdição podem apenas fazer com que a adoção das tecnologias seja baixa e restrita apenas no curto prazo.

Os bancos estão cientes dos desafios e querem fazer parte deste novo mundo. O objetivo deles é usar a tecnologia Blockchain para estabelecer vantagens competitivas e melhorar a sua reputação. O sistema financeiro entende que é possível reduzir o risco da concorrência futura com um pequeno investimento realizado em 2016 nas soluções inovadoras.

Para os estrategistas dos bancos, a necessidade de elevada capacitação para a mão de obra vai gerar uma barreira para a entrada de novos entrantes. Os executivos dos bancos acreditam que a forte demanda por uma engenharia capacitada para enfrentar os novos desafios será um fator forte o suficiente para impedir o avanço das empresas Fintechs (empresas financeiras baseadas em tecnologias digitais).

Foi revelado que o Marcelo Orticelli que é o diretor da área de pessoas do banco Itaú afirmou que a instituição está procurando por especialistas criativos, antenados e que tenham espírito empreendedor.
Fonte: Itaú procura experts em tecnologia para programa digital, http://computerworld.com.br/itau-procura-experts-em-tecnologia-para-programa-digital, acessado em 31/10/2016.

As organizações do sistema financeiro tradicional estão em acirrada competição para contratar talentos que são capazes de produzir inovações. Para conseguir atrair e reter os talentos, os bancos estão criando centros de excelência e laboratórios de inovação nas cidades com elevada concentração de profissionais capacitados e preparados.

A combinação do desejo empresarial em atrair e reter os talentos em conjunto com o elevado conhecimento acumulado nos centros de excelência e laboratórios de inovação cria um ambiente excitante para que as novas tecnologias sejam trabalhadas sem que existam riscos exagerados de perda de talentos recrutados.

As chaves que habilitam este novo cenário são a retenção dos talentos e o fim do preconceito contra o cabelo branco. Por causa do novo cenário do ambiente de negócios, tem muito sentido a movimentação mais ousada e arrojada das instituições financeiras mais sólidas e tradicionais para a contratação dos melhores perfis profissionais da engenharia de inovação.

Os agentes reguladores das principais economias do mundo estão desenvolvendo ferramentas para que tecnologias como o Blockchain sejam controladas, tributadas e monitoradas. Os bancos e outros provedores de serviços financeiros entendem que o conhecimento sobre as criptomoedas dos agentes reguladores é mais avançado do que o conhecimento existente nos bancos.

Os bancos acreditam que as normas e regulamentações das criptomoedas e Blockchain podem mudar o formato da adoção das novas tecnologias, por isso eles estão monitorando de perto o ambiente regulatório para que não enfrentem dificuldades com as novas regras e leis.

Os fundamentos técnicos das criptomoedas e dos protocolos da infraestrutura do Blockchain habilitam as mudanças nos produtos e serviços oferecidos pelas instituições financeiras. A tecnologia está sendo utilizada para a distribuição, monitoração e regulamentação dos produtos e serviços financeiros com o objetivo de reduzir o risco total da operação da instituição financeira.

É muito provável que até o final do ano de 2020, a tecnologia Blockchain estará presente no dia a dia das pessoas alterando por completo a forma como os clientes realizam as suas transações comerciais, como as identidades são verificadas, como as instituições financeiras interagem entre elas e como as taxas e tarifas bancárias serão definidas e cobradas.

Todas as organizações que atuam no sistema financeiro tradicional conhecem e entendem o impacto potencial que a tecnologia Blockchain é capaz de causar no seu negócio atual. O atual nível de movimentação dos bancos em relação ao assunto é consequência do fato que eles não querem "ser pegos com a calça na mão" no momento da disrupção tecnológica.

As instituições que agarrarem as oportunidades geradas pelas mudanças vão conseguir estabelecer estratégias inteligentes para desenvolver ideias inovadoras com as novas tecnologias disruptivas. Elas serão capazes de trabalhar em um modelo de negócio mais lucrativo que o atual. O novo modelo de trabalho destas organizações vai permitir tanto uma forte redução no risco operacional total, como uma melhor e mais rápida identificação das novas oportunidades de crescimento.

Mercado atual do Blockchain

A tecnologia Blockchain vem recebendo níveis expressivos de investimento. Os principais participantes da indústria estão explorando as inovações e as novas aplicações da tecnologia. As FinTechs receberam investimentos acima de US $22 bilhões em 2015. Todas as projeções indicam rápido e forte crescimento do investimento na tecnologia Blockchain até o ano de 2019.

- Foi estimada uma economia nos custos corporativos de mais de US$14 bilhões pela implementação do Blockchain.
- Mais da metade dos maiores bancos do mundo iniciaram projetos de Blockchain em 2016.
- Foi estimado um ganho de mais de US$20 bilhões pelo setor financeiro em 2022 gerado pela tecnologia Blockchain.

As iniciativas do sistema financeiro abrangem: (i) Criação de uma rede global privada para a troca de tokens pela empresa R3 (https://r3cev.com/, acessado em 31/10/2016); (ii) Lançamento de plataformas de bolsas de valores como Coinffeine (http://www.coinffeine.com/, acessado em 31/10/2016), Bitsquare (https://bitsquare.io/, acessado em 31/10/2016) e Quedex (https://quedex.net/, acessado em 31/10/2016) e (iii) Pesquisa e desenvolvimento da tecnologia Blockchain pelos bancos Société Générale, UBS, CitiBank etc.

Uma das iniciativas do sistema de pedras preciosas (em especial diamantes) e artigos de luxo é o sistema de garantias criado pela empresa Everledger (Everledger Is Using Blockchain To Combat Fraud, Starting With Diamonds, https://techcrunch.com/2015/06/29/everledger/, acessado em 31/10/2016) para que as empresas de mineração acompanhem os seus diamantes em função da conformidade com o processo de Kimberley (mecanismo internacional para impedir que os diamantes ilegais financiem os conflitos armados e desacreditem o mercado legítimo de diamantes brutos). O projeto prevê a ampliação do sistema de proteção para outros artigos do mercado de luxo como relógios, bolsas e arte.

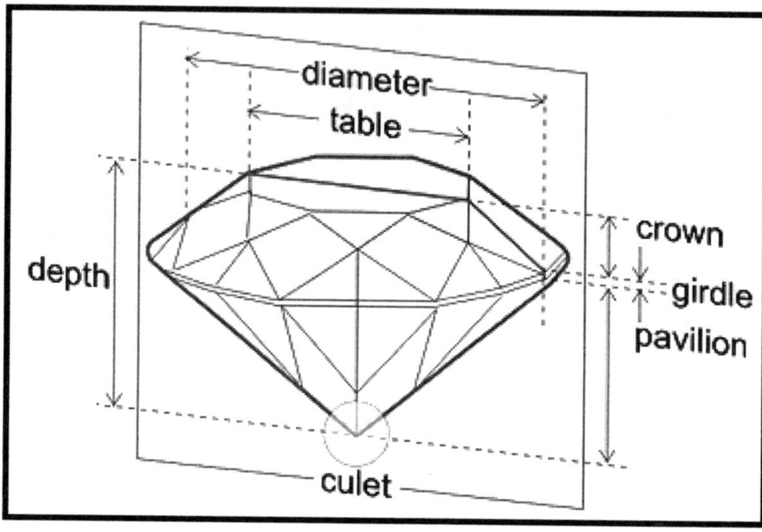

Fonte: Corte de um Diamante (http://www.google.com.br/search?biw=360&bih=264&ei=I1LZV4z5NoeawATc-rb4BA&q=diamond+pavilion&oq=pavilion+diamant&gs_l=mobile-gws-serp.1.1.41j0i22i10i30k1j0i22i30k1.11064.11064.0.14324.1.1.0.0.0.0.485.485.4-1.1.0....0...1c.1.64.mobile-gws-serp..0.1.483.rq31NkiGPP0#imgrc=Bv2koGt8SxiDOM%3A, acessado em 31/10/2016).

Como os certificados e recibos em papel podem ser extraviados ou perdidos, a organização criou um sistema para os diamantes que abrange as suas cinco características e mais 40 pontos do metadado que caracteriza um diamante. As cinco principais características são: número de série que está inscrito na pedra, Carat (peso em quilates), Color (cor), Clarity (grau de pureza) e Cut (corte). Para que o sistema funcione adequadamente, o laboratório que analisa e inspeciona a pedra realiza a sua digitalização. Informações sobre diameter, table, culet, depth, crown, girdle, pavilion etc. são registradas no sistema. O sistema permite o acompanhamento do valor e do histórico de propriedade da pedra. Em apenas um semestre, o banco de dados do sistema alcançou mais de 850 mil diamantes registrados.

É possível usar esta infraestrutura para outros produtos como gado, cavalos de raças, cães e gatos, carne e seus derivados como enlatados, leite e o seus derivados como queijos, carros usados, madeira, soja, laranja, trigo, obras de arte como quadros, grafites e fotografias, bebidas como vinhos e whiskies, restaurantes gourmets e populares e outros setores da economia. Com o rastreamento e provas indeléveis, públicas e transparentes registradas no banco de dados do Blockchain é possível apresentar ao cliente final (comprador no supermercado ou cliente em um restaurante) de produtos alimentícios orgânicos (ou não) as seguintes informações:

- Todos os cuidados que os animais e as plantas receberam em cada uma das etapas do ciclo produtivo
- Todas as vacinas aplicadas nos animais
- Todas as doenças que os animais, plantas e vegetais tiveram
- Todos os remédios que eles receberam
- Todos os cuidados com o meio ambiente realizados no ciclo produtivo
- Todos os cuidados com a sustentabilidade do planeta realizados durante as várias etapas do ciclo produtivo
- Todos os cuidados com a economia social do ecossistema produtivo (por exemplo, inexistência de trabalho escravo, assédio sexual ou moral)
- Todos os produtos usados nas plantas e vegetais (crescimento, manutenção e estocagem)
- Todos os produtos usados nos animais (crescimento, manutenção e abate)
- Todas as seleções naturais de DNA realizadas durante o ciclo produtivo
- Todos os tipos de sementes usadas nas plantações (sementes transgênicas ou não)

- Todos os tipos de alimentos dados para os animais (alimentos transgênicos ou não)
- Todas as movimentações dos produtos durante a cadeia produtiva
- Todos os registros de refrigeração e condições ambientais do transporte e estocagem dos produtos
- Todos os cuidados realizados nas cozinhas dos restaurantes e na fabricação dos queijos para gerar um produto final diferenciado
- Todos os cuidados realizados na industrialização e distribuição do leite, carne e ovos.

A tecnologia permite o completo rastreamento dos produtos entregues. O consumidor pode descobrir na prateleira do supermercado como o animal foi tratado em cada etapa da sua vida. O livro-razão registra tudo o que ocorreu da fazenda até o ponto comercial. No caso de cavalos de raça, animais de estimação, bebĩdas como vinhos e whiskies raros, comidas gourmets como queijos especiais é possível apresentar via tecnologia todo o histórico das transações realizadas em complemento ao histórico dos cuidados realizados durante o ciclo produtivo. No caso dos carros usados é possível complementar ainda mais as informações.

É possível apresentar as revisões e recalls realizados. No caso das obras de arte como quadros, grafites e fotografias, bebidas como vinhos e whiskies raros, cavalos de raça, gado etc. é possível complementar as informações com certificados de autenticidade, procedência, propriedade etc. É possível gerar um ambiente onde apenas as transações legais são validadas.

Uma das principais iniciativas do sistema de mercados digitais e contratos inteligentes foi o lançamento das plataformas BlackHalo (https://bithalo.org/, acessado em 31/10/2016) e OpenBazaar (https://openbazaar.org/, acessado em 31/10/2016)

As iniciativas para o sistema de comércio eletrônico abrangem: (i) Lançamento do sistema TaoProtect da plataforma Alibaba (Alibaba's Counterfeit Reporting System Gets an Upgrade, http://www.alizila.com/alibabas-counterfeit--reporting-system-gets-an-upgrade/, acessado em 31/10/2016) que permite que os comerciantes registrem as violações de patentes; (ii) Desenvolvimento da plataforma "Make the world more honest" da empresa BlockVerify (Block Verify Uses Blockchains to End Counterfeiting and 'Make World More Honest', https://cointelegraph.com/news/block-verify-uses-blockchains-to-end--counterfeiting-and-make-world-more-honest, acessado em 31/10/2016) para ser uma solução contra as mercadorias ilegais através do rastreamento tanto dos produtos (ou matérias primas) desviados e roubados, como das transações fraudulentas.

As iniciativas para a indústria de arte, música e entretenimento abrangem: (i) Lançamento do banco de dados global dos direitos das músicas e serviço de streaming de música pela empresa Peer Tracks (Peer Tracks Announces New Music Site That Runs on Cryptonomex Blockchain Technology, https://www.pressadvantage.com/story/3298-peer-tracks-announces-new--music-site-that-runs-on-cryptonomex-blockchain-technology, acessado em 31/10/2016) para eliminar o problema de desvio do pagamento dos direitos autorais; (ii) Desenvolvimento pela empresa Blockchain Technology Group de San Diego de um projeto para streaming de música baseado no Blockchain (http://blog.payprogent.com/186/the-beauty-of-the-blockchain/, acessado em 31/10/2016) para criar um banco de dados dos registros das transações para que os direitos dos artistas sejam apurados com precisão e (iii) Lançamento da plataforma Colu (Blockchain Platform Colu Partners With Revelator in Push to Fix Music's Data, http://www.billboard.com/articles/business/6664006/colu-revelator-blockchain, acessado em 31/10/2016) para que os desenvolvedores e consumidores sem conhecimento em Bitcoin construam aplicações e comercializem ativos digitais como ações, títulos de dívidas, certificados, direitos autorais, documentos, bilhetes de entrada em eventos, comprovantes e cartões de presente.

Uma das iniciativas para a indústria de infraestrutura foi o lançamento de uma versão do Blockchain que usa as funções Hash para autenticar dados, máquinas e pessoas e oferecer segurança e proteção em tempo real contra os ataques virtuais na infraestrutura crítica pela empresa Guardtime (https://guardtime.com/, acessado em 31/10/2016). A empresa estabeleceu um acordo de colaboração com a empresa Ericsson (http://www.eurocomms.com/industry-news/10074-ericsson-boosts-security-of-cloud-portfolio-with-guardtime-partnership, acessado em 31/10/2016) para monitorar e proteger as suas principais redes.

As iniciativas para a indústria da saúde abrangem: (i) Estabelecimento de um acordo de parceria entre as empresas Factom e HealthNautica (http://www.coinbuzz.com/2015/04/23/factom-steps-into-the-healthcare-sector-with-healthnautica/, acessado em 31/10/2016) para aumentar a eficiência e eficácia do processamento das reclamações e para garantir a segurança e confiabilidade dos registros médicos e do rastreamento da auditoria usando a tecnologia Blockchain; (ii) Desenvolvimento pela empresa iniciante BitHealth (http://www.newsbtc.com/2015/01/23/solving-real-world-problems-bitcoin-blockchain/, acessado em 31/10/2016) de uma solução para armazenar com segurança os registros de identidade e saúde no Blockchain.

Todas estas iniciativas comprovam que a tecnologia Blockchain oferece diversos recursos para o desenvolvimento de aplicações seguras em ambiente de processamento distribuído.

O ecossistema do mercado é bastante diversificado e envolve: (i) as consultorias que realizam a análise de negócio, segurança, gestão e riscos, (ii) as empresas que são as organizações que usam ou pretendem usar a tecnologia para reduzir o custo das transações e pagamentos, (iii) a sociedade que são as comunidades envolvidas tanto na publicação do conhecimento, como no desenvolvimento do código, (iv) as bolsas de valores que são os agregadores de informações que disponibilizam plataformas virtuais de negociação, (v) os dispositivos que são tanto os equipamentos para as mineração das criptomoedas, como os cofres e carteiras digitais que guardam e permitem o pagamento desconectado da rede, como os caixas eletrônicos, (vi) as aplicações que permitem tanto o pagamento Peer-to-Peer (P2P), ponto-a-ponto, como o desenvolvimento de plataformas para bolsas de valores, contratos inteligentes e remessas de dinheiro, (vii) as agências reguladoras públicas e privadas que desenvolvem o arcabouço jurídico das transações e (viii) as plataformas de mercado que permitem o desenvolvimento de aplicações para a comercialização dos ativos digitais

Regulamentações formais e informais

A União Europeia está estudando a criação de regras para as moedas virtuais para combater a lavagem de dinheiro e o financiamento do terrorismo. No Reino Unido, a "Regulatory Sandbox" isentou as FinTechs e criptomoedas de passar pelo processo de aprovação regulatório completo em algumas situações específicas. Nos Estados Unidos, as moedas digitais foram definidas e as transações realizadas em criptomoedas são registradas como "money transmitters" e atendem todos os requerimentos de conformidade com os riscos.

Em Hong Kong foi decidido que não existe a necessidade de uma nova legislação para as trocas realizadas com as moedas virtuais. No Brasil, a receita federal determinou que as criptomoedas devam ser consideradas como investimentos na declaração do imposto de renda.

O uso do Blockchain como moeda tem como principais características a explicitação pelo mercado do valor da criptomoeda em relação a uma moeda referência para a comercialização dos bens e serviços, a criação de mecanismos para a intermediação da troca de bens e serviços e a criação de reserva de valor.

A eliminação do intermediário acreditador proporcionada pela tecnologia Blockchain para os agentes reguladores privados gera uma situação de elevado risco para as bolsas de valores como o BM&FBOVESPA (http://www.bmf-bovespa.com.br/pt_br/index.htm, acessado em 31/10/2016).

As bolsas poderão desaparecer caso não evoluam o seu modelo de negócio para a economia das criptotransações. A bolsa de valores Nasdaq Stock Market (http://www.nasdaq.com/, acessado em 31/10/2016) já percebeu a realidade e está investindo em novas soluções.

Em 2016 a bolsa lançou o Nasdaq Financial Framework baseado na tecnologia Blockchain (Nasdaq Opens Blockchain Services to Global Exchange Partners, http://www.coindesk.com/nasdaqs-blockchain-services-global-exchange/, acessado em 31/10/2016). A dupla Bitcoin e Blockchain pode gerar um novo formato para o negócio das bolsas de valores.

As compras e vendas de ações e títulos podem migrar da bolsa de valores brasileira BM&FBOVESPA para a bolsa de valores americana Nasdaq. No universo digital a migração é muito fácil e rápida. Os processos sem intermediários acreditadores reduzem os custos, eliminam taxas de custódia e corretagem e são mais seguros pela publicação do histórico das transações.

Uma nova economia para as bolsas de valores será gerada pela desintermediação, pois as cotações dos ativos no pregão serão influenciadas pelas operações ponto a ponto. Existirá um novo formato para o sincronismo que atualmente existe entre a realização e a divulgação pública das operações de compra e venda no pregão e no mercado futuro.

O prazo para liquidação das operações será fortemente reduzido com a tecnologia Blockchain e isto vai afetar a lógica atual das operações de Day trading (https://pt.wikipedia.org/wiki/Day_trading, acessado em 31/10/2016). As operações a descoberto que são viabilizadas pelas garantias oferecidas pelas bolsas de valores e pelo prazo D + 3 para a sua compensação ou não poderão ser realizadas no modelo de negócio ponto a ponto com compensação em D + 10 minutos ou então serão realizadas em um novo modelo.

Existe com a tecnologia Bitcoin Blockchain a possibilidade de consolidação das bolsas regionais em bolsas mundiais Situações como os tradicionais boatos plantados nas quintas-feiras na bolsa brasileira (Quinta tem força especulativa e sexta eclipse impacta bolsa negativamente, http://br.advfn.com/jornal/2016/09/quinta-tem-forca-especulativa-e-sexta-eclipse-impacta-bolsa-negativamente, acessado em 31/10/2016) deixarão de fazer do ambiente de negócios com a consolidação das bolsas.

Os negócios dos bancos e dos cartórios nacionais também estão seriamente ameaçados com o crescimento da penetração da tecnologia Blockchain. As Fintechs que estão surgindo no mundo inteiro podem inviabilizar a operação dos bancos brasileiros se eles não entrarem em ciclo evolutivo.

O crescimento das Fintechs é exponencial por causa do baixo custo operacional e da necessidade reduzida de capital de investimento. Elas não precisam de agências físicas e de legiões de funcionários para operacionalizar o seu negócio. Elas são empresas financeiras baseadas em computação em nuvem elástica e em softwares, ou seja, podem crescer em elevada velocidade sem a necessidade de grande volume de capital de investimento.

As Fintechs podem ser sediadas em países confiáveis e estáveis e operar em escala mundial através da capilaridade das criptomoedas como o Bitcoin e a segurança do livro-razão público da tecnologia Blockchain.

É um novo universo econômico para as transações financeiras entre as pessoas e as empresas. O pagamento de contas de consumo, por exemplo, deixará de ser impactado por problemas como a greve dos bancários de 2016 (Bancários de São Paulo decidem encerrar a greve, http://g1.globo.com/economia/noticia/2016/10/bancarios-de-sao-paulo-decidem-encerrar-greve2016.html, acessado em 31/10/2016).

Os banqueiros e bancários brasileiros precisam urgentemente repensar os seus papéis neste mercado, pois podem ser em pouco tempo substituídos por Fintechs transnacionais. Falhas como o caso do pagamento da folha salarial das grandes empresas que eram clientes do HSBC pelo banco Bradesco (Clientes que eram do HSBC têm salário atrasado com migração para Bradesco, http://www1.folha.uol.com.br/mercado/2016/10/1824084-clientes-que-eram-do-hsbc-tem-salario-atrasado-com-migracao-para-bradesco.shtml, acessado em 31/10/2016) não serão mais aceitas e toleradas pelos clientes.

Como os processos de migração para as Fintechs serão muito fáceis e rápidos, estas falhas serão punidas com a perda de clientes. As elevadas tarifas e taxas cobradas pelos bancos para as transações bancárias terão que sofrer enorme ajuste diante da competição com as Fintechs que operam com baixas taxas e tarifas bancárias.

A globalização do segmento financeiro iniciada pelas Fintechs vai fazer com que os preços dos serviços bancários sejam ditados pelo mercado. A era dos bancos nacionais ditarem os valores das taxas e tarifas bancárias está chegando ao fim.

Em 2016 a taxa de juros para o crédito para o consumidor superou a barreira dos 450% ao ano por causa da elevada taxa de inadimplência (Juros médios no cartão de crédito passam de 450% ao ano, diz Anefac, http://g1.globo.com/economia/seu-dinheiro/noticia/2016/09/juros-medios-no-cartao-de-credito-passam-de-450-ao-ano-diz-anefac.html, acessado em 31/10/2016). Com a tecnologia Blockchain é possível melhorar o entendimento do perfil de cada um dos consumidores e trabalhar o crédito conforme o risco individual.

Para os bons pagadores a taxa de juros do crédito cairá dramaticamente com a penetração das Fintechs no mercado brasileiro. As FinTechs que oferecem em 2016 crédito ponto-a-ponto como a empresa Lending Club (https://www.lendingclub.com/, acessado em 31/10/2016) e a empresa Biva (https://biva.com.br/, acessado em 31/10/2016) oferecem empréstimos para pessoas físicas e jurídicas com taxas de juros muito menores.

Os cartórios brasileiros mudarão muito com o crescimento da adoção da tecnologia Blockchain. Eles serão tanto os fiéis depositários de documentos digitais (em várias línguas) que os rastreiam ativos que são transacionados nos mercados, como os fornecedores de ferramentas de chaves de criptografia, como cofre para o backup das chaves de criptografia das pessoas e empresas.

Os cofres digitais serão abertos apenas com a biometria dos donos e respectivos herdeiros. Será uma operação completamente diferente do que acontece atualmente no Brasil.

As limitações de abrangência geográfica da atuação dos cartórios serão rompidas com a transformação digital. Eles sofrerão intensa concorrência tanto no mercado interno como externo. Como o investimento necessário será muito baixo pela adoção das nuvens elásticas e das plataformas de desenvolvimento da tecnologia Blockchain, então não mais existirão barreiras para novos entrantes.

Será a eficácia e a eficiência operacional consequência da inteligência coletiva do cartório que será o fator crítico para o seu crescimento e sua sobrevivência. As facilidades para a migração dos documentos digitais de um cartório para outro vão exigir elevado nível de criatividade e inovação. Os cartórios no Brasil perderão com a tecnologia Blockchain a sua condição de monopólio regional.

Tanto a ANATEL (Agência Nacional de Telecomunicações, http://www.anatel.gov.br/institucional/, acessado em 31/10/2016), como o PROCON (Proteção e Defesa do Consumidor), como o poder judiciário podem conquistar elevados ganhos operacionais com a tecnologia Blockchain.

É fácil perceber que uma das reclamações mais comuns dos clientes contra as operadoras de telecomunicações está relacionada com a cobrança de serviços não solicitados (Que venha o Vendor Relationship Management, http://itgovrm.blogspot.com.br/2016/09/que-venha-o-vendor-relationship.html, acessado em 31/10/2016). Anualmente, milhares de casos sobre este assunto são tratados pelos canais de atendimento das operadoras, pela ANATEL, pelos PROCONs e pelo poder judiciário.

> *Foi afirmado que o sistema de Justiça brasileiro custa 1,8% do PIB no Brasil e 0,37% do PIB em Portugal.*
> Fonte: Os custos do Poder Judiciário precisam ser revistos, http://g1.globo.com/economia/blog/samy-dana/post/os-custos-do-poder-judiciario-precisam-ser-revistos.html, acessado em 31/10/2016.

> Foi revelado que a despesa total da Justiça no Brasil em 2015 foi de 79,2 bilhões de reais com aumento acima da inflação de 4,7% em relação ao ano de 2014.
> Fonte: 2015 teve aumento do número de processos que ficaram sem solução na Justiça, http://fernandorodrigues.blogosfera.uol.com.br/2016/10/17/2015-teve-aumento-do-numero-de-processos-que-ficaram-sem-solucao-na-justica/, acessado em 31/10/2016.

Existe um custo elevado e inútil de centenas de milhões de reais por ano de reclamações por serviços telefônicos não solicitados que está sendo carregado pelo sistema e é pago pelo brasileiro na forma de tarifas e impostos. Este custo retira competitividade da economia nacional. Com o Blockchain, livro-razão público e distribuído e validação da transação pela chave privada de criptografia será possível eliminar as falhas, equívocos e fraudes relacionadas com a contratação de serviços.

Apenas os serviços validados com a assinatura digital do cliente poderão ser cobrados pela operadora. Com este simples procedimento tanto a ANATEL, como o PROCOM, como a justiça brasileira não mais serão os atores principais nas reclamações sobre a cobrança de serviço não solicitado. A ANATEL e a justiça poderão com a prova da assinatura digital punir as fraudes e eliminar do sistema os enganadores e falsificadores.

As operadoras de telefonia também serão beneficiadas, pois o seu canal de atendimento com o consumidor não ficará mais entupido com reclamações sobre serviços não solicitados. Como cada serviço cobrado foi autorizado através da assinatura digital do cliente, então apenas exceções serão tratadas pelo canal. A eliminação destas fraudes do sistema vai gerar enorme economia de tempo e dinheiro das pessoas, empresas, ANATEL, PROCOM, poder judiciário e operadoras de telecomunicações. O resultado é que o país vai galgar um novo patamar de competitividade.

No setor financeiro existe também o problema de fraudes, pois muitos clientes reclamam que estão sendo cobrados por serviços não solicitados e não autorizados. Novamente, a assinatura digital das solicitações em conjunto com o livro-razão público e descentralizado é capaz de resolver os conflitos.

Apenas os serviços validados pela assinatura digital do cliente podem ser cobrados pelos bancos. O banco central pode usar o livro-razão para monitorar o comportamento dos atores e punir os que estão perpetrando as fraudes. Os empréstimos bancários também são alvos de fraudes, pois muitas vezes eles são concedidos sem o conhecimento dos envolvidos. É mais um caso onde a assinatura digital do solicitante e o livro-razão da tecnologia Blockchain eliminam as dúvidas.

Os casos dos cartões de crédito merecem um destaque à parte. É comum encontrar no Brasil, casos onde as pessoas são processadas por falta de pagamento da anuidade de um cartão de crédito que não foi solicitado pelo cliente. Os fraudadores usam informações incorretas ou incompletas para alcançarem metas de vendas.

Para acabar com esses tipos de desvios, basta que seja exigida a assinatura digital do titular ou dos titulares do cartão de crédito no seu processo de solicitação. É uma solução simples que pode economizar milhões de reais por ano. As fraudes nas transações de compra causadas pelas diversas formas de clonagem dos cartões de crédito, também são eliminadas com a tecnologia Blockchain.

É possível dar um salto na competitividade nacional com a adoção da assinatura digital e livro-razão público nas transações presenciais e digitais com os cartões de crédito. Muito do dinheiro que hoje em dia é perdido por causa de fraudes, pode deixar de ser perdido. O congestionamento do sistema judiciário brasileiro pode ser fortemente aliviado com a eliminação de processos por fraudes. O custo Brasil pode ser enormemente reduzido.

O segmento das operadoras de saúde também é merecedor de um destaque à parte em termos da tecnologia Blockchain. Um dos maiores problemas do setor é que as internações dos clientes envolvem centenas de serviços hospitalares. Muitos dos serviços oferecidos pelos hospitais estão em uma estrutura de cascada.

Esta característica gera enorme dificuldade para as auditorias e atrapalha a negociação entre os hospitais e as operadoras. A assinatura digital e o livro-razão público e descentralizado permitem a facilitação e automação do processo de auditoria das operadoras de planos de saúde e favorece ao estabelecimento um acordo comercial com base em fatos.

Todos os reajustes dos valores dos planos dos clientes podem ser facilmente justificados pelos trabalhos realizados. A ANS (Agência Nacional de Saúde Suplementar, http://www.ans.gov.br/, acessado em 31/10/2016) pode monitorar automaticamente todos os planos de saúde em uso no Brasil e regulamentar o segmento com maior efetividade.

A base de conhecimento registrada e validada (pela assinatura digital da operadora) do livro-razão público dos serviços hospitalares pode ser utilizada pelo Sistema Único de Saúde (SUS, https://pt.wikipedia.org/wiki/Sistema_%C3%9Anico_de_Sa%C3%BAde, acessado em 31/10/2016) do governo para estabelecer os parâmetros financeiros dos seus convênios com os hospitais privados.

A segunda vantagem do uso da tecnologia Blockchain pelas operadoras de planos de saúde está relacionada com a transparência oferecida para os usuários e clientes. No Brasil, os planos operam no formato de compartilhamento de custos. Isto significa que as operadoras determinam o custo total das despesas de saúde das vidas protegidas pelo plano, somam a este valor as suas despesas administrativas e a sua margem de lucro. A divisão deste total pelo número de clientes determina o valor médio que cada cliente vai pagar. Se o cliente é saudável e pouco usa do plano ele gerará um grande lucro individual que será usado para cobrir o prejuízo causado por um cliente que usa intensamente o plano.

É uma conta de chegada, onde uns são subsidiados pelos outros. Existem várias interpretações para este modelo de negócio, mas um plano de saúde não é financeiramente saudável quando apenas 10% da sua base de clientes gera lucro e é extremamente saudável quando apenas 10% da sua base de clientes gera prejuízo.

O grande problema desta estratégia é que o cenário é dinâmico. Em poucos anos as mudanças nas condições de saúde dos beneficiários de um plano são capazes de transformar o cenário de extremamente lucrativo para fortemente deficitário. É preciso contar com uma gestão extremamente eficiente e com uma boa dose de sorte para operar com sucesso neste modelo por cinquenta ou cem anos.

Infelizmente, no Brasil, a tendência é que os lucros generosos dos anos dourados sejam transformados em dividendos para os acionistas ou donos e não em poupança para ser utilizada nos anos de vacas magras para os lucros.

O livro-razão da tecnologia Blockchain tem a virtude de aumentar a transparência entre esses cenários extremos e permitir que os beneficiários e a ANS monitorem e determinem como o lucro gerado nos anos das vacas gordas do plano seja poupado e investido para ser utilizado nos inevitáveis anos de prejuízos.

Todos os envolvidos passarão a entender com clareza a natureza das transações realizadas e compreenderão que estarão nos anos de baixa utilização financiando o seu uso futuro mais intenso.

Não é novidade para todos neste mercado que conseguir acompanhar dinamicamente as mudanças no perfil de utilização do plano pelos clientes, ao mesmo tempo em que existe a entrada e saída de clientes, é um trabalho de gigantesca complexidade administrativa.

É muito fácil fracassar usando este modelo de negócio. A automação é uma das melhores soluções para corrigir em tempo real as distorções e conquistar o sucesso.

Os seguros dos automóveis também podem ganhar enorme evolução com a tecnologia Blockchain. As seguradoras calculam os riscos de um segurado com base nos parâmetros médios do seu perfil, por exemplo, as mulheres são mais cuidadosas no trânsito e, portanto, têm perfil de risco menor que os homens. O livro-razão público permite a individualização do perfil do risco com inclusão de informações de acidentes, multas e condução do veículo pelo motorista.

É possível determinar quem estava dirigindo o carro pela assinatura digital. Com base nestas informações as seguradoras poderão determinar o risco de cada um dos seus clientes e estabelecer preços diferentes que podem ser revistos periodicamente conforme o comportamento do dia a dia do segurado. É uma mudança radical em relação ao atual modelo onde as características médias do perfil determinam o risco e o mesmo fica congelado durante o prazo de vigência do contrato.

No Brasil são recorrentes os casos de adulteração dos combustíveis (Governo de SP e ANP fazem ação para fiscalizar postos de combustíveis, http://g1.globo.com/sao-paulo/noticia/2016/10/governo-de-sp-e-anp-fazem-acao-para-fiscalizar-postos-de-combustiveis.html, acessado em 31/10/2016). A Agência Nacional do Petróleo, Gás Natural e Biocombustíveis (ANP, http://www.anp.gov.br/, acessado em 31/10/2016) pode evoluir para um patamar bastante elevado o controle contra as fraudes nos combustíveis usando a tecnologia Blockchain, tanto para aumentar a transparência do sistema, como para permitir que o consumidor tenha conhecimento em tempo real da qualidade do combustível na bomba de gasolina que ele está utilizando.

Como o sistema permite o retorno dos consumidores sobre a qualidade do combustível através da assinatura digital e livro-razão público descentralizado, a ANP pode usar estas informações para focar as investigações ao mesmo tempo em que todos os clientes recebem o retorno dos consumidores insatisfeitos. Eles são informados através do livro-razão e de um aplicativo de geolocalização.

Infelizmente, os casos de remédios falsificados ou roubados são comuns no Brasil (A história do roubo de 33 milhões de reais, http://veja.abril.com.br/brasil/a-historia-do-roubo-de-33-milhoes-de-reais/, acessado em 31/10/2016). A tecnologia Blockchain é capaz de oferecer para a Agência Nacional de Vigilância Sanitária (ANVISA, http://portal.anvisa.gov.br/, acessado em 31/10/2016) uma ferramenta de elevada eficiência e eficácia para impedir que remédios falsificados cheguem ao mercado.

Os farmacêuticos podem consultar os remédios no ponto de venda e informar para a ANVISA se eles estão na lista dos produtos roubados ou falsificados. Os hospitais, clínicas e laboratórios também podem consultar a autenticidade do medicamento através do seu número identificador e reportar para a ANVISA a ocorrência de algum tipo de fraude. Como todo o processo é validado pela assinatura digital é possível localizar com precisão o lugar exato onde ocorreu a introdução de um remédio roubado ou falsificado e os respectivos responsáveis.

A Serasa Experian (https://www.serasaexperian.com.br/, acessado em 31/10/2016) é uma organização privada que oferece algumas soluções para evitar inadimplência nas operações de crédito. Ela trabalha os riscos e as estimativas sobre a inadimplência com base nas informações sobre os consumidores contidas nos seus bancos de dados.

A tecnologia Blockchain tanto pode ser uma ameaça, como uma extraordinária oportunidade. No campo da ameaça, como a tecnologia revela em um banco de dados público e descentralizado as informações sobre as transações e permite o estabelecimento de contratos inteligentes com regras automatizadas, as informações contidas nos bancos de dados da empresa podem virar redundantes em poucos anos e inviabilizar o modelo de negócio. No entanto, a empresa pode explorar a oportunidade gerada pela tecnologia ao usar as ferramentas atuais que ela dispõe para alavancar o livro-razão público e virar uma sofisticada e confiável plataforma de aplicações Blockchain. O uso do

Blockchain como um sistema tem três características principais:

- Registro e armazenamento de todas as alterações
- Transparência dos valores das transações
- Programação de transferências

Os principais benefícios do sistema Blockchain como moeda estão relacionados com: (i) custo reduzido das transações, (ii) processo rápido de liquidação das transações e (iii) todos os procedimentos conforme um padrão global. Os principais desafios do sistema Blockchain como moeda estão relacionados com:

- Necessidade de encontrar um caminho para criar motivações multidisciplinares (inclusive econômicas) para que os clientes troquem o sistema atual
- Poucas facilidades que simplifiquem a entrada dos novos entrantes
- Soluções para Point of Sale ou Point of Service (POS) muito recentes
- Ausência de um controle central que evite que o valor da moeda digital flutue conforme a oferta e a demanda

As principais aplicações do sistema Blockchain são: (i) Contratos inteligentes. Estabelecimento de protocolos programáveis para executar as transações quando um ou mais parâmetros configurados são endereçados; (ii) Transferência de valores. As transferências de bens, direitos, ativos e moedas são rápidas (não é tempo real) sem a necessidade de intermediários e de baixo custo e (iii) Manutenção e atualização dos registros. Criação de registros imutáveis das transações sem a necessidade de terceiros acreditadores. A automação dos processos atualiza e conserva os registros sem intervenção humana e aumenta a eficácia e eficiência. É possível destacar as seguintes transações:

- Pagamentos através de cheques digitais ou de promissórias ou de outros instrumentos financeiros programáveis

- Pagamentos das obrigações dos contratos de seguros de vida, automóveis e outros bens conforme parâmetros pré-programados
- Pagamentos em tempo real (podem ser recorrentes e automatizados)
- Remessas de dinheiro e ativos digitais para todos os lugares
- Liquidação em tempo real (automática ou não) dos pagamentos, transferências e operações (através de procedimentos internos)
- Compensação automática das transações realizadas e da liquidação dos valores programados
- Trocas e transferências de ativos digitais em tempo real
- Troca da posse de bens físicos através da emissão de certificados digitais
- Estabelecimento de contas financeiras seguras
- Pagamentos dos empréstimos pessoa para pessoa ou pessoas para pessoa
- Realização de empréstimos através de cooperativas e sindicatos

As aplicações do sistema Blockchain oferecem soluções efetivas para os seguintes desafios:

- Manutenção dos ativos físicos
- Estabelecimento de infraestrutura computacional descentralizada
- Avaliação e classificação do perfil do solicitante do crédito
- Estabelecimento de contratos inteligentes
- Registro imutável dos ativos
- Criação de programas de fidelização dos clientes
- Criação de moedas para uso específico como ticket refeição, vale cultura, vale transporte etc. com plena identificação das partes
- Reconciliação automática (verificação automática do arquivo do extrato em relação à movimentação de valores e ativos registrada)
- Certificação de documentos como Proof of Ownership, ou seja, quem criou; Prova de existência em um determinado momento (Proof of Existence at a certain time); Prova de integridade sem adulteração dos documentos (Proof of Integrity not tampered); Prova de publicação (Proof of publication)

- Emissão de comprovantes imutáveis de validação das transações dos ativos digitais
- Identidade digital

A base tecnológica para as aplicações descentralizadas são as Application Programming Interfaces (APIs) de código aberto, as APIs públicas e as APIs comerciais. Os protocolos da rede Blockchain são a base tecnológica para a criação das criptomoedas, do livro-razão público e descentralizado e das redes Blockchain privadas.

A rede Blockchain pública tem como característica o fato dela ser um sistema aberto sem necessidade de permissões e com capacidade limitada de armazenamento de dados. A rede Blockchain privada tem como característica o fato dela ser um sistema fechado com necessidade de permissões e com capacidade flexível para o armazenamento de dados.

Uma rede Blockchain privada e compartilhada pode ser ligada com uma rede Blockchain pública formando uma Sidechain (https://pt.wikipedia.org/wiki/Sidechain, acessado em 31/10/2016).

Principais Aplicações

As principais aplicações da tecnologia Blockchain reduzem os custos das transações, facilitam a expansão do compartilhamento das informações e eliminam a necessidade de uma terceira parte acreditadora.

Os contratos inteligentes são contratos digitais com parâmetros configuráveis para a transferência automática conforme as condições estabelecidas e codificadas sobre os ativos, bens, direitos e propriedades sejam alcançadas. Por serem imutáveis e indeléveis, os contratos não podem ser adulterados e eles são executados automaticamente sem a necessidade de uma terceira parte acreditadora.

A aplicação de gerenciamento e verificação da identidade de pessoas físicas e jurídicas através da rede criptografada distribuída permite a verificação da validade e veracidade de documentos pessoais como: (i) Carteira de identidade (RG); (ii) Carteira de trabalho; (iii) Número do passaporte; (iv) PIS ou PASEP, (v) NIT – Número de Inscrição do Trabalhador, Previdência Social, (vi) CPF; (vii) Cartão do Cidadão; (viii) Cartão do Trabalhador; (xix) Situação fiscal do imposto de renda pessoa física; (x) Carteira de motorista; (xi) CNPJ - Cadastro Nacional da Pessoa Jurídica; (xii) IE - Inscrição Estadual; (xiii) IM - Inscrição Municipal etc.

A aplicação de gerenciamento da propriedade intelectual permite o armazenamento de documentos criptografados datados e com prazo de validade na rede Blockchain para provar a posse da propriedade intelectual sem a necessidade de revelar as informações privadas registradas nos documentos.

A aplicação de gestão dos registros médicos ou prontuário digital permite que as pessoas usem a sua chave privada de criptografia para encriptar os seus registros médicos. É também possível configurar no software os parâmetros que definem como as informações serão enviadas para os médicos, clínicas, laboratórios, hospitais etc. O usuário envia pela aplicação a sua chave pública de criptografia para que as informações médicas compartilhadas possam ser acessadas.

A aplicação de gestão das remessas internacionais e nacionais de dinheiro permite a liberação e liquidação de transações realizadas entre as partes usando o Blockchain sem a necessidade de intermediação do mercado de câmbio (bancos e instituições financeiras). Os custos das transações das remessas são reduzidos pela eliminação de vários processos intermediários.

A aplicação de gerenciamento da transferência de propriedade usa as moedas coloridas que possuem propriedades específicas para representar e transacionar ativos digitais ou físicos (móveis ou não) como imóveis, automóveis, computadores, celulares etc.

Cenário das aplicações

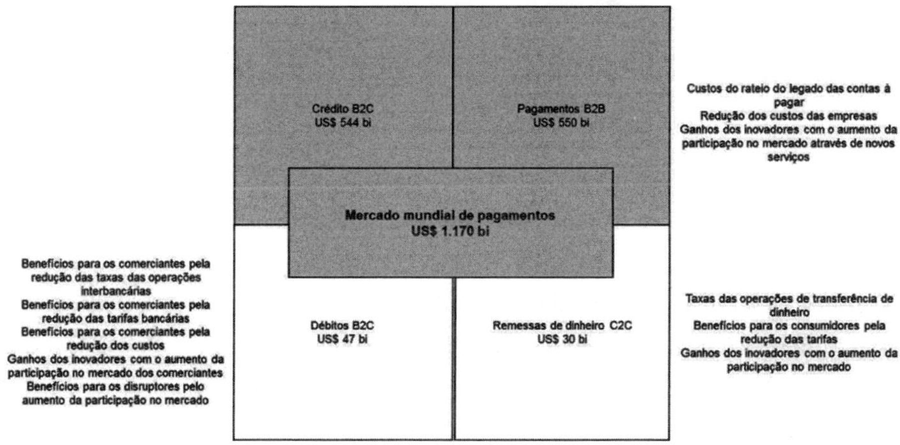

Fonte: Goldman, Sachs & Co, The Future of Finance Redefining "The Way We Pay" in the Next Decade, http://documents.mx/documents/gs-the-future-of-finance-redefining-the-way-we-pay-in-the-next-decade-150310.html, acessado em 31/10/2016.

As aplicações de transferência de valores e pagamentos que incluem as remessas de valores e pagamentos de empresa para empresa, remessas de valores e pagamentos (devolução do valor de uma compra, pagamento de seguros etc.) de uma empresa para o consumidor e remessas de valores e pagamentos do consumidor para as empresas representam um mercado de aproximadamente 1,2 trilhões de dólares.

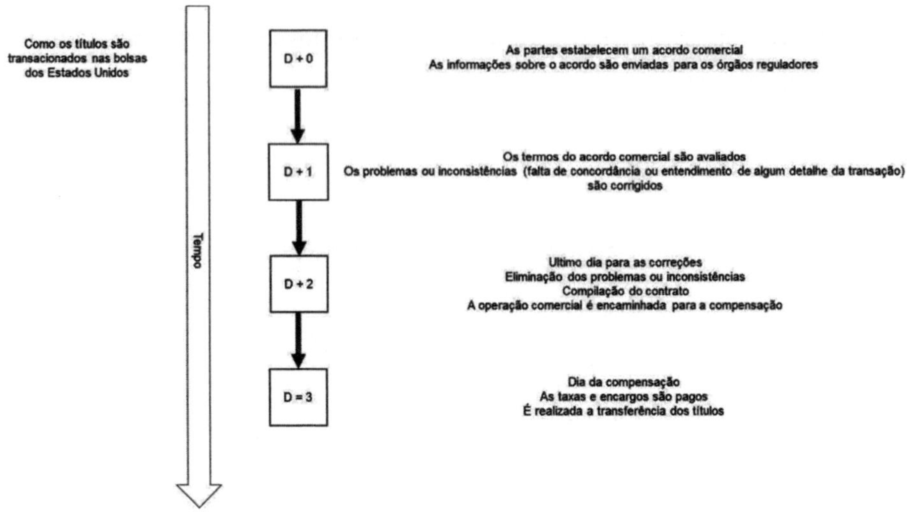

As aplicações de liquidação de operações e de transações comerciais (Clearing, https://en.m.wikipedia.org/wiki/Clearing_(finance), acessado em 31/10/2016), de reconciliação bancária (Bank reconciliation, https://en.m.wikipedia.org/wiki/Bank_reconciliation, acessado em 31/10/2016), de custódia (http://cabedal.net/oquee_custodia.asp, acessado em 31/10/2016) e do sistema de negociação ou de notificação (Trade matching, http://www.dtcc.com/clearing-services/ficc-gov/rttm, acessado em 31/10/2016) podem reduzir os custos em 2,7 bilhões de dólares por ano pela liquidação das operações dois dias mais rápido, segundo as estimativas da Securities Industry Association (SIA). Fonte: Harvard Research Group, Clearing and Settlement – Making Financial Information Flow.

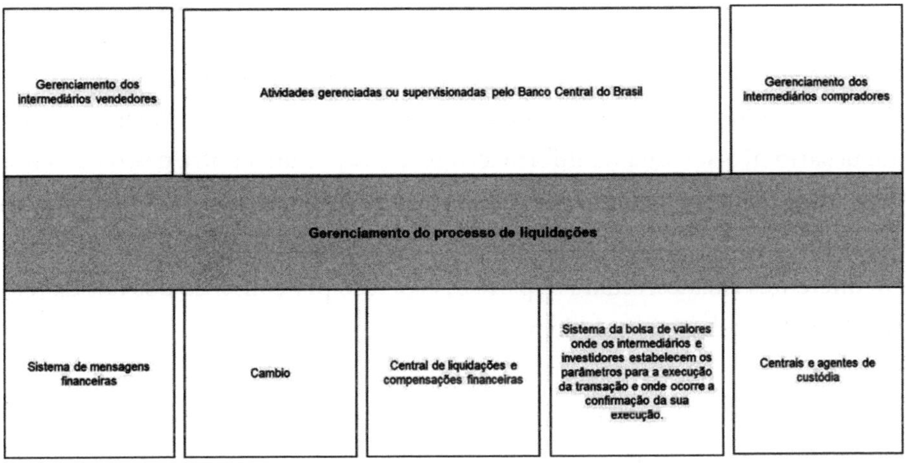

As aplicações de contratos inteligentes podem ser utilizadas nas operações financeiras envolvendo: (i) derivativos, (ii) títulos privados de dívidas, (iii) seguros, (iv) ativos imobiliários, (v) transações digitais, (vi) planos de investimentos inteligentes e (vii) alienações fiduciárias em garantia.

Em resumo, as novas aplicações ampliam o atual escopo de serviços financeiros e geram oportunidades expressivas de crescimento em mercados inexplorados. As aplicações permitem a simplificação da complexidade dos processos atuais com forte redução nos custos operacionais.

A tecnologia Blockchain agrega valor, quando existe a necessidade de um banco de dados compartilhado para formar um repositório de informações estruturadas (tabelas e sistemas de preenchimento) e quando os dados são alterados por blocos de transações que devem ser aprovados ou rejeitados.

A tecnologia é de extremo valor nas situações onde várias organizações geram operações que modificam o banco de dados. Na tecnologia Blockchain, os nós da rede executam transações em cima de uma cópia do banco de dados. As transações realizadas por um nó da rede são transmitidas ponto-a-ponto para os outros nós.

Nos casos onde não existe confiança nos agentes, a tecnologia oferece uma solução de alto nível. Quando o nível de desconfiança entre as organizações que estão gravando as informações no banco de dados é elevado, isto significa que um usuário não acredita na informação relatada por uma outra pessoa ou entidade. Este cenário é comum nas cadeias produtivas formadas por organizações diferentes e acontece também dentro de uma empresa com áreas ou operações em diferentes cidades, estados e países. A solução por consenso dos nós da rede Blockchain resolve este problema.

A desintermediação dos processos nos casos onde é preciso eliminar o intermediário acreditador que verifica e valida as transações é um outro caso de agregação de valor do Blockchain. Como as transações são verificadas e processadas de forma independente por cada nó da rede em cima da sua cópia do banco de dados é possível trabalhar sem a presença de uma entidade centralizadora.

A tecnologia Blockchain funciona muito bem nos casos onde existe alguma interação e dependência entre as transações criadas por vários participantes em regime de colaboração. O nível de exposição ao risco não é aumentado nesta situação.

O Blockchain é uma tecnologia para banco de dados compartilhados. O livro-razão público para ativos financeiros é naturalmente expressado como uma tabela do banco de dados onde cada linha representa um ativo digital possuído por uma entidade específica. Cada linha tem três colunas de conteúdo: (a) identificador do dono como um número da conta, (b) identificador para o tipo do ativo digital como “R$” ou “Ouro”, e (C) quantidade daquele ativo possuída pelo dono.

O banco de dados é modificado pelas transações que representam um pacote de mudanças que deve ser aceito ou rejeitado em conjunto. Por exemplo, o pagamento de um usuário para outro é representado no livro-razão por uma transação que subtrai uma determinada quantidade do ativo do usuário pagador e soma a mesma quantidade (mesmo ativo) para o usuário recebedor. Ou seja, sai dez laranjas da conta do João e entra dez laranjas na conta da Maria.

O Blockchain é uma tecnologia onde várias pessoas podem gravar no banco de dados. Em outras palavras, as várias entidades que estão gerando as transações modificam o banco de dados. Na maioria dos casos, os nós da rede Blockchain gravam as transações realizadas na sua cópia do banco de dados e as retransmitem para os outros nós usando o modelo de comunicação ponto-a-ponto.

No entanto, as transações também podem ser realizadas pelos usuários que não são um nó da rede. Por exemplo, um sistema de pagamentos operado por um grupo de bancos pequenos que é utilizado por milhões de usuários através de dispositivos móveis que usam apenas o sistema do seu próprio banco.

A desconfiança entre as partes é um fenômeno que normalmente acontece quando várias entidades estão gravando informações no mesmo banco de dados. O Blockchain é uma tecnologia que permite que várias entidades que não têm total confiança umas nas outras possam gravar informações no mesmo banco de dados.

A desconfiança existe tanto em organizações separadas (por exemplo, entre os bancos e varejistas), como entre os membros de uma mesma corporação (por exemplo, entre os departamentos de uma grande organização no mesmo país ou entre as empresas controladas localizadas em países diferentes). A desconfiança entre as partes é manifestada quando o proprietário das entradas no banco de dados não deseja que outra entidade modifique os registros ou quando um usuário não aceita como "verdade" o que foi gravado no banco de dados por outro usuário porque eles têm políticas econômicas ou de incentivos diferentes.

A intermediação através de uma terceira parte acreditadora é a solução que resolve o problema de permitir que várias entidades que não confiam umas nas outras gravem no mesmo banco de dados. A terceira parte acreditadora é uma entidade que todas as partes que vão gravar no banco de dados confiam. Esta arquitetura resolve o problema das várias organizações que não confiam completamente umas nas outras.

Esta formatação é vastamente utilizada no mundo para resolver o problema do banco de dados com gravação por múltiplas entidades. O livro-razão da contabilidade de uma conta corrente em um banco é um exemplo clássico. O banco controla o banco de dados e assegura as transações que são validadas e autorizadas pelo cliente que é o proprietário dos recursos. O banco não permite que o cliente modifique o banco de dados do livro-razão da contabilidade da conta corrente em hipótese alguma.

O Blockchain elimina a necessidade de ter um intermediário acreditador e habilita a realização de modificações diretamente no banco de dados pelas várias entidades que não confiam umas nas outras. Nesta arquitetura, não é necessária a presença de um intermediário acreditador central para verificar as transações e autenticar a sua fonte.

Neste caso, a definição de uma transação é estendida para incluir uma prova de autorização e uma prova de validade. As transações podem ser verificadas e processadas de forma independente por todos os nós da rede que mantêm uma cópia do banco de dados.

As motivações para escolher um banco de dados baseado no Blockchain sem intermediário central acreditador estão relacionadas com os custos mais baixos das transações, velocidade mais rápida de execução das transações, reconciliação automática, novas possibilidades de regulamentações e incapacidade para identificar um intermediário conveniente.

A tecnologia Blockchain tem sentido para um banco de dados que é compartilhado entre várias entidades que o modificam e que não confiam completamente umas nas outras. No entanto, é preciso destacar que a tecnologia oferece vários outros recursos importantes. O Blockchain permite a interação entre as transações criadas pelas várias entidades que podem modificar o banco de dados.

A interação significa que as transações criadas pelas várias entidades frequentemente dependem umas das outras. Por exemplo, o João manda dinheiro para Maria que envia uma parte para a Antônia. Neste caso, a transação da Maria é dependente da transação do João e não é possível verificar a transação da Maria sem verificar em primeiro lugar a transação do João. Por causa da dependência, as transações naturalmente permanecem conectadas no banco de dados único e compartilhado.

Isto significa que o Blockchain oferece o recurso de transações que podem ser criadas colaborativamente pelas entidades que podem modificar o banco de dados sem que nenhuma das partes envolvidas seja exposta aos riscos. Este recurso permite que a entrega de um bem contra pagamento acordado entre as partes seja realizada com segurança sem a necessidade de um intermediário acreditador.

As situações onde as transações realizadas pelas várias entidades que modificam o banco de dados são independentes e inter-relacionadas são um outro caso de transações interativas. Por exemplo, um banco de dados compartilhado de identidades onde as várias partes validam aspectos diferentes da identidade dos consumidores revela o caso onde cada certificação é realizada individualmente e o Blockchain oferece a funcionalidade de uma facilidade que unifica todas as validações de identidade.

Quando o banco de dados é diretamente modificado por várias entidades que não confiam completamente umas nas outras, é preciso que ele tenha regras embarcadas para restringir as transações realizadas. As regras estão relacionadas com a legitimidade de modificações.

Elas não estão relacionadas com a situação do banco de dados em um determinado momento. Todas as transações são verificadas em relação às regras por todos os nós da rede e as transações não conformes são rejeitadas e não são transmitidas. O livro-razão dos ativos contém exemplos das regras para evitar a criação de transações dos ativos fora das regras.

As regras garantem que a soma da quantidade de cada um dos bens listados no livro-razão é a mesma antes e depois de todas as transações. O Blockchain é utilizado como a autoridade do registro final das transações em um caso onde provavelmente todos os nós concordam com o conteúdo do livro-razão. Os registros são necessários para:

- Novos nós da rede calcularem o conteúdo do banco de dados a partir de um rascunho sem precisar de um nó acreditador.
- Resolver um problema de inconsistência onde um nó perdeu algumas transações por indisponibilidade do sistema ou falha de comunicação (Sem o registro das transações, o banco de dados de um nó pode divergir de banco de dados dos outros nós da rede e inviabilizar, por causa das divergências, o objetivo de ter um banco de dados único e compartilhado por todos os nós da rede).
- Assegurar a aceitação de apenas uma das transações quando existir um conflito. O objetivo é evitar o duplo gasto quando o mesmo dinheiro é enviado para vários destinatários diferentes. Em um banco de dados ponto-a-ponto sem uma autoridade central acreditadora, os nós podem ter opiniões diferentes sobre a aceitação de uma transação. Não existe uma resposta correta. Todas as transações precisam ser confirmadas para as-

segurar a convergência de todos os nós da rede em torno de uma decisão única.

- Fazer com que os Blockchains estilo Ethereum enderecem a sua regra fundamental de ordenar cronologicamente todas as transações, pois cada uma das transações pode afetar o que vai acontecer com as transações seguintes. Neste caso, o Blockchain atua para definir a ordem cronológica, pois sem ela as transações não podem ser processadas.

O Blockchain é uma corrente de blocos, onde cada bloco contém um conjunto de transações que é confirmado como um grupo. No Blockchain privado que é aplicável para as corporações, o grupo fechado de validadores ou mineradores que assinam digitalmente cada bloco que eles criam é responsável pela escolha das transações que têm em cada bloco. A lista dos validadores é um esquema de consenso distribuído que tem como objetivo impedir que uma minoria de validadores ganhe o controle da corrente.

Em todos os esquemas de consenso, o nó validador tem menos poder que o proprietário de um banco de dados tradicional. Os validadores não podem falsificar as transações ou violar as regras para modificar o banco de dados. Isto significa que eles não podem gastar os ativos das outras pessoas que estão registrados no livro-razão, nem mudar a quantidade total de ativos representados.

Infelizmente, existem duas situações onde os validadores podem influenciar indevidamente o conteúdo do banco de dados. No caso da censura da transação, uma quantidade suficiente de validadores pode atuar maliciosamente para impedir que uma transação específica seja confirmada, ou seja, a transação vai para o limbo.

No caso da resolução de conflito com parcialidade, onde duas transações estão em conflito, o validador criador do próximo bloco decide qual transação será confirmada ou rejeitada no Blockchain. A melhor solução é escolher a transação que foi analisada primeiro. No entanto, os validadores podem escolher baseado em fatores que não são revelados.

Em função destas vulnerabilidades, a implantação de um banco de dados baseado no Blockchain exige uma clara ideia de quem são os validadores e porque é possível confiar neles coletivamente e individualmente. Os validadores podem ser um ou mais nós controlados por uma única organização ou um grupo de organizações que mantém a corrente ou cada um dos nós da rede.

As aplicações de calendários compartilhados, bases de conhecimento com múltiplos escritores e fóruns de discussão sobre leis, políticas e regulamentações são exemplos típicos da tecnologia Blockchain. As principais aplicações do Blockchain estão relacionadas com o rastreamento das transações e trocas de ativos financeiros. O livro-razão de ativos é o exemplo mais simples e natural de um banco de dados compartilhado com transações interdependentes criadas por múltiplas entidades que não confiam totalmente umas nas outras. Para usar o Blockchain como um livro-razão de ativos é preciso conhecer a natureza dos ativos que estão sendo transacionados. Os ativos podem ser criptomoedas, compromissos futuros, títulos de dívidas etc. É preciso conhecer quem controla os ativos representados no Blockchain.

Para os ativos monetários digitais, os bancos podem oferecer serviços para converter as criptomoedas em moedas tradicionais e registrar a transação na contabilidade do livro-razão público distribuído do Blockchain. Também podem oferecer serviços de comércio financeiro internacional como carta de crédito e suporte para o conhecimento de carga (banco do importador e companhia de navegação).

Os bancos também podem oferecer serviços de securitização dos títulos das dívidas corporativas diretamente no Blockchain para as empresas que precisam captar recursos no mercado.

É preciso que existam as condições mencionadas para que a tecnologia Blockchain agregue valor. Quando estas necessidades não estão presentes, as soluções como armazenamento em um arquivo normal, banco de dados centralizado, replicação mestre x escravo do banco de dados e múltiplos bancos de dados são mais indicadas.

A existência das necessidades destacadas indica que é necessário abrir várias frentes de trabalho. É preciso expressar as regras em função das transações que o banco de dados permite. É necessário confiar e acreditar nos validadores e nos processos de consenso distribuído. É preciso conhecer quem está suportando os ativos representados no livro-razão compartilhado.

O Blockchain pode ser utilizado para transações secretas e anônimas. O João pode se comunicar com a Maria através da Internet com total privacidade, pois eles podem realizar as transações através de uma fonte externa. Basta usar uma carteira randômica para enviar o dinheiro. Na nota da transação é enviada a chave pública de criptografia.

As duas partes precisam realizar esta operação. A partir deste ponto é possível encriptar as mensagens através das notas das transações e tudo que é possível descobrir é que existe uma transação Blockchain. Não existem caminhos para rastrear as comunicações trocadas entre as partes.

A tecnologia Blockchain está sendo aplicada nas áreas financeiras e não financeiras que tradicionalmente trabalham em tempo real com uma terceira parte acreditadora para validar e proteger as transações em tempo real dos ativos digitais. A aplicação de contratos inteligentes (Smart Contracts) foi criada em 1994 pelo Nick Szabo.

Ele teve a ideia de automatizar a execução dos contratos entre as partes participantes. Como não existia na época a criptomoeda ou os pagamentos programáveis, a aplicação não teve utilidade prática. Atualmente, os programas do Blockchain e os contratos inteligentes podem trabalhar em conjunto para disparar pagamentos conforme o endereçamento das condições pré-programadas. Os contratos inteligentes são umas das aplicações mais excitantes do universo das criptomoedas.

Os contratos inteligentes são automaticamente executados pelos protocolos. O uso da tecnologia Blockchain tornou muito mais fácil o registo, verificação e execução dos contratos inteligentes.

As empresas Ethereum (https://www.ethereum.org/, acessado em 31/10/2016) e Codius (https://codius.org/, acessado em 31/10/2016) estão habilitando as aplicações de contratos inteligentes usando a tecnologia Blockchain. Muitas das empresas que trabalham com as tecnologias Bitcoin e Blockchain estão suportando as aplicações de contratos inteligentes.

Os casos onde os ativos são transferidos pelo endereçamento de determinadas condições podem ser automatizados e transformados em contratos inteligentes. Atualmente estas situações exigem a contratação tanto de um advogado para criar os contratos, como de um banco para criar o documento de custódia da transação (garantia fiduciária).

A empresa Ethereum tem criado muita excitação no mercado de contratos inteligentes com a sua plataforma com capacidade programável. A solução permite que todos criem e usem a sua própria criptomoeda para realizar os pagamentos dos contratos inteligentes.

A empresa tem a sua criptomoeda própria que é usada para o pagamento dos serviços contratados. A empresa potencializa uma ampla gama de aplicações inovadoras na área de governança, automação comercial e empresarial, financiamento coletivo (crowdfunding), derivativos e contratos inteligentes. Existem também diversas soluções disponíveis no mercado que suportam aplicações que não estão relacionadas com transações em criptomoedas.

Alternative Blockchain. Sistema que usa o algoritmo do Blockchain para conquistar um consenso distribuído sobre um determinado ativo digital. Os mineradores são compartilhados com a rede original (por exemplo, Bitcoin) gerando a mineração combinada. Com esta tecnologia é possível implementar as aplicações de Domain Name System (DNS), autoridade de certificação Secure Sockets Layer (SSL), armazenamento de arquivos e votação eletrônica.

Colored Coins. Protocolo de código aberto que descreve as classes dos métodos para os desenvolvedores criarem ativos digitais em cima do Bitcoin Blockchain usando as suas funcionalidades que vão além da moeda digital.

Sidechains. São Blockchains alternativos que são apoiados pelos Bitcoins via contrato Bitcoin (operação similar ao dólar ou libra com lastro nas reservas de ouro). Podem existir milhares de Sidechains lastreados pelo Bitcoin com propósitos e características diferentes. Todos eles baseados na escassez e na elasticidade garantida do Bitcoin Blockchain. O Bitcoin Blockchain pode virar uma sequência cíclica de instruções que suporta os testes e provas dos recursos adicionais dos Sidechains experimentais.

Empresas como IBM, Samsung, Overstock, Amazon, UBS, Citi, Ebay, Verizon Wireless estão explorando novos e alternativos usos da tecnologia Blockchain nos seus aplicativos. Nove dos maiores bancos do mundo, incluindo o Barclays e o Goldman Sachs (http://www.reuters.com/article/2015/09/15/us-banks-blockchain-idUSKCN0RF24M20150915, acessado em 31/10/2016), estabeleceram em 15 de setembro de 2015, um acordo de colaboração com a empresa de tecnologia financeira R3 (com sede em New York) para criar uma estrutura padronizada para usar a tecnologia Blockchain no mercado financeiro.

Esses bancos decidiram pela primeira vez na sua história trabalhar em regime de colaboração para identificar as possíveis aplicações da tecnologia Blockchain. Os principais bancos do mercado financeiro mundial (JPMorgan, State Street, UBS, Royal Bank Of Scotland, Credit Suisse, BBVA e Commonwealth Bank of Australia) aderiram a esta iniciativa.

Principais Aplicações Financeiras

Títulos Privados (Debêntures)

É muito caro para uma empresa ser uma sociedade anônima com capital social formado por ações. O processo de aumento do capital social pela subscrição de ações é caro e em geral é preciso trabalhar com os bancos para atrair os investidores. A bolsa de valores lista as ações das empresas que podem ser comercializadas nos pregões.

Todas as transações são seguras e existem garantias oferecidas pelos compradores e vendedores. Para as grandes empresas, o mecanismo de aumento do capital social pela subscrição de ações é, sem sombra de dúvida, o mecanismo de obtenção de dinheiro mais barato disponível no mercado.

No entanto, para as pequenas e médias empresas é muito caro o custo para virar uma sociedade anônima com capital social formado por ações, ou em outras palavras, estas companhias não têm à sua disposição um mecanismo de captação de dinheiro barato.

Elas dependem dos juros do mercado financeiro. Com a tecnologia Blockchain é possível comercializar cotas do capital social de uma empresa sem a necessidade de uma terceira parte acreditadora. As cotas podem ser compradas e vendidas com segurança diretamente entre as partes envolvidas.

O private equity (ativo privado) é o investimento em empresas que não estão presentes na bolsa de valores (empresas de capital fechado) para desenvolver a empresa. Os investimentos são realizados através de Fundos de Private Equity.

O fundo NASDAQ Private Equity foi lançado em 2014 (https://www.nasdaqprivatemarket.com/, acessado em 31/10/2016) para oferecer importantes funcionalidades como Capitalization Table ou Cap Table (tabela que descreve quem são os acionistas da empresa e detalha a participação real de cada um dos sócios. A tabela explicita a participação porcentual de cada um dos fundadores e investidores, a diluição dos ativos e o valor dos ativos em cada rodada de investimento). O processo atual de compra e venda das participações nas empresas de capital fechado é ineficiente e lento por causa do envolvimento de várias terceiras partes.

A bolsa NASDAQ juntou forças com a empresa iniciante Chain de São Francisco (http://chain.com/, acessado em 31/10/2016) para implementar o "private equity exchange" (instrumento particular de comercialização de patrimônio empresarial) baseado na tecnologia Blockchain. A empresa está desenvolvendo a facilidade contrato inteligente com base na tecnologia Blockchain para implementar as funcionalidades de comercialização. A expectativa é que o seu funcionamento seja rápido, rastreável e eficiente.

O projeto Medici (Medici, The Blockchain Stock Exchange, http://www.investopedia.com/articles/investing/121014/medici-blockchain-stock-exchange.asp#ixzz4KHhUWdPD, acessado em 31/10/2016) está sendo desenvolvido como um mercado de capitais através da implementação do Counterparty do Bitcoin 2.0.

O objetivo é criar uma bolsa de valores de vanguarda. O projeto Medici foi desenhado para criar uma bolsa de valores descentralizada dentro da plataforma

Counterparty. Ele é baseado na tecnologia Blockchain. Os títulos de dívidas serão vendidos privadamente. É o primeiro caso mundial de cryptosecurity.

O Counterparty (http://counterparty.io/, acessado em 31/10/2016) é um mercado virtual ponto-a-ponto construído em cima do Bitcoin, por isso ele tem a mesma segurança robusta da rede Bitcoin. O Counterparty permite que os usuários escrevam contratos inteligentes usando uma linguagem de programação "Turing Complete".

Os contratos são escritos dentro do Bitcoin Blockchain. Eles são executados na rede CounterParty e permitem que os ativos digitais sejam comercializados nas condições reconhecidas pelos contratos.

Em outras palavras, o CounterParty é um protocolo que implementa os instrumentos financeiros tradicionais na forma de um contrato inteligente auto-executável. Estes contratos inteligentes facilitam, verificam e executam tudo o que foi negociado e está presente no contrato.

A necessidade dos documentos físicos é eliminada. Inexiste a necessidade de intermediários como corretoras, bolsas ou bancos.

O Blockstream (https://blockstream.com, acessado em 31/10/2016) é um projeto de código aberto com foco em Sidechains (Blockchains interoperacionais) para evitar os principais problemas relacionados com as criptomoedas alternativas (escassez de liquidez, flutuações de mercado, fragmentações, violações de segurança e fraudes em tempo real).

O seu uso pode ir desde o registro de ações, títulos de dívidas e derivativos até armazenar com segurança o balanço de bancos e hipotecas.

A Coinsetter é uma bolsa de valores de Bitcoin localizada em New York. Ela está trabalhando no Projeto Highline (Coinsetter Launches Project High Line, Blockchain Settlement For Trades, http://themerkle.com/coinsetter-launches-project-high-line-blockchain-settlement-trades/, acessado em 31/10/2016) que é um método de uso da tecnologia Blockchain para fechar e liberar o pagamento das transações financeiras em D + 10 minutos ao invés usual D + 3 (ou D +2 dias).

O projeto Augur (https://en.wikipedia.org/wiki/Augur_(software), acessado em 31/10/2016) é um mercado descentralizado de previsões que permite que os usuários comprem e vendam ativos conforme a sua expectativa da probabilidade do acontecimento de um resultado específico.

O projeto tem o objetivo de alavancar tanto as funcionalidades do livro-razão público, global, ponto-a-ponto e distribuído da tecnologia do Blockchain, como a teoria dos jogos e incentivos financeiros para melhorar a exploração do conceito de sabedoria da multidão (wisdom of crowds ou collective intelligence) e aumentar a precisão das previsões sobre os eventos futuros. A tecnologia utilizada permite o crescimento tanto do número de participantes, como do volume de contribuições em relação às plataformas tradicionais de apostas gerando como consequência um aumento na precisão das previsões.

O artigo, Bolsas de aposta são mais precisas que pesquisas na previsão de eleições (http://www1.folha.uol.com.br/colunas/ronaldolemos/2016/10/1823376-bolsas-de-aposta-sao-mais-precisas-que-pesquisas-na-previsao-de-eleicoes.shtml, acessado em 31/10/2016), afirmou que o estudo de 2016 do James Fowler Universidade da Califórnia revelou que as bolsas de aposta como Augur são mais precisas na previsão do resultado de uma eleição do que as pesquisas.

Uma das razões apontadas é que os mercados de previsão absorvem no curto prazo as informações das pesquisas e incorporam nas previsões outras informações que não estão disponíveis para o público.

Como projeto Augur recebe e paga apostas automaticamente sem intermediários pelos contratos inteligentes, ele é um ponto focal para o compartilhamento de informações privilegiadas.

Os detentores de informações confidenciais vão anonimamente apostar nelas por causa da elevada probabilidade de ganho e o resultado final será um profundo aumento da transparência. Todos os que conhecerem segredos que estão fora do senso comum da sociedade são potenciais apostadores e catalizadores da sabedoria da multidão. A previsão sobre um evento vai melhorar enormemente pela informação interna. As empresas e governos vão precisar de novos mecanismos para proteger os seus segredos.

Bitshares (BitShares - Your share in the Decentralized Exchange, https://bitshares.org/, acessado em 31/10/2016) são tokens digitais que residem na tecnologia Blockchain e são referência de ativos específicos como moedas e commodities. Os proprietários dos tokens podem ter um recurso único para ganhar juros em commodities como ouro, petróleo, dólares, euros e outras moedas.

Principais Aplicações não Financeiras

Seguros

Todos os ativos que podem ser identificados com exatidão por uma ou mais características que dificilmente serão destruídas ou copiadas podem ser registados no Blockchain. Esta facilidade pode ser usada para verificar a propriedade de um ativo e também traçar o seu histórico de transações. Todos os ativos (imóveis, carros, bens materiais e imateriais, computadores e outros) podem ser registados no Blockchain. A posse e o histórico de transações podem ser validadas por outras pessoas como as seguradoras.

A empresa Everledger (Everledger Is Using Blockchain To Combat Fraud, Starting With Diamonds, https://techcrunch.com/2015/06/29/everledger/, acessado em 31/10/2016) é a organização que criou o livro-razão de certificação dos diamantes e o histórico das transações usando a tecnologia Blockchain.

As características que identificam com precisão um diamante (altura, largura, peso, profundidade, cor etc.) são "hashed" e registradas no livro-razão. A verificação dos diamantes pode ser feita pelas companhias de seguro, agências reguladoras da mineração como a Agência Nacional de Mineração (ANM), proprietários e pretendentes. A empresa Everledger oferece um serviço de Application Programming Interface (API) pela Internet que permite:

- Procurar por um diamante específico
- Criar, ler e atualizar as reclamações (seguradoras)
- Criar, ler e atualizar os registros de ocorrência

Cartórios

A verificação da autenticidade de um documento pode ser feita através da tecnologia Blockchain sem a necessidade de uma autoridade centralizadora acreditadora.

O serviço de certificação de um documento realiza a prova de propriedade (Proof of Ownership), ou seja, quem criou, prova de existência em um determinado momento (Proof of Existence at a certain time) e prova de integridade sem adulteração (Proof of Integrity not tampered) dos documentos.

Como estes serviços são provas contra a falsificação (counterfeit-proof) e podem ser verificados por uma terceira parte independente, eles são considerados legalmente legítimos.

O uso da tecnologia Blockchain para os cartórios assegura a privacidade do documento e das pessoas que solicitam as certificações. A publicação da prova de publicação (Proof of Publication) usando o algoritmo Hash de criptografia para os arquivos leva para um nível superior o serviço de validação cronológica do cartório. Este procedimento elimina a cobrança das taxas caras dos cartórios tradicionais e dos processos ineficientes de transferência dos documentos.

A companhia Stampery (https://stampery.co/, acessado em 31/10/2016) é uma empresa que valida os e-mails ou arquivos com um carimbo usando a tecnologia Blockchain. A firma simplifica o processo de certificação dos e-mails encaminhando-os para uma conta de e-mail especificamente criada pelo cliente. Os escritórios de advocacia estão usando a tecnologia para certificar os documentos por um custo muito baixo.

A firma Viacoin (https://viacoin.org/, acessado em 31/10/2016) é uma das empresas que usam os processos de câmara de compensação (clearinghouse, https://viacoin.org/blog/2014/10/14/blockchain-notary.html, acessado em 31/10/2016) para os serviços cartoriais. Clearing house é o sistema que liquida as posições compradas com as vendidas para garantir o cumprimento das obrigações assumidas.

A câmara de compensação é um intermediário entre o comprador e o vendedor e ela compra dos vendedores e vende para os compradores. Os direitos e deveres do comprador e vendedor são, portanto, com a câmara que é a entidade que garante o cumprimento dos contratos.

Os processos são apoiados pelo sistema de salvaguardas financeiras. A estrutura da câmara de compensação pode ser interna, externa ou adjunta. A câmara de compensação é a responsável tanto pelo registro de todas as operações realizadas, como pelo acompanhamento das posições mantidas, como pela compensação financeira dos fluxos, como pela liquidação dos contratos.

Block Notary (http://www.blocknotary.com/, acessado em 31/10/2016) é um aplicativo que ajuda as pessoas na criação da prova de existência de fotos, arquivos e outras mídias usando o TestNet3 ou a rede Bitcoin. O Crypto Public Notary (http://www.cryptopublicnotary.com/, acessado em 31/10/2016) autentica os documentos usando uma quantidade insignificante de Bitcoins para registrar o checksum do arquivo (soma de verificação usada para verificar a integridade dos dados armazenados) no Blockchain público.

O aplicativo Proof of Existence (https://proofofexistence.com/, acessado em 31/10/2016) é um serviço que usa a função de dispersão criptográfica ou função Hash (SHA256, https://en.wikipedia.org/wiki/Cryptographic_hash_function, acessado em 31/10/2016) para gerar o valor de dispersão (digest) do documento no Blockchain.

O aplicativo Ascribe (https://www.ascribe.io/, acessado em 31/10/2016) gera a certidão de proveniência de uma obra (autoria ou procedência) usando a tecnologia Blockchain. A empresa oferece também o serviço de transferência de propriedade da obra mantendo o histórico de referência em relação ao autor original.

A prova descentralizada da existência de documentos é a validação da existência ou posse de documentos assinados. Ela é de extrema importância para os processos legais.

O modelo tradicional de validação dos documentos exige a acreditação em uma autoridade central para o armazenamento e validação dos documentos. Ele é um grande desafio para a segurança. Este modelo ganha maior complexidade conforme a idade do documento.

A tecnologia Blockchain oferece uma alternativa digital viável para o atual modelo de prova da existência e posse de documentos. O usuário pode armazenar a sua assinatura e carimbar a data e horário.

A marca temporal, ou seja, cadeia de caracteres sobre a data e hora que um evento ocorreu (timestamp, https://en.wikipedia.org/wiki/Timestamp, acessado em 31/10/2016) é associada ao documento assinado. A autenticidade do documento e da assinatura pode ser validada a qualquer instante.

A prova de existência é um serviço que permite que uma pessoa possa armazenar online de forma anônima e segura a prova da existência de um documento. Este serviço armazena a função de dispersão criptográfica (função Hash criptográfico) do arquivo com a marca temporal da data e horário da submissão.

É importante destacar que é armazenada apenas a função de dispersão criptográfica do arquivo (ou seja, a sua prova de existência). O documento propriamente dito não é armazenado. Este procedimento tranquiliza o usuário sobre as questões relacionadas com a privacidade.

Este processo permite que os usuários verifiquem a existência de um documento em um determinado momento. As principais vantagens deste serviço são a segurança e a privacidade. Ele permite que um usuário ofereça de forma descentralizada uma prova indelével da existência de um documento. A existência do documento é validada usando a tecnologia Blockchain e não existe dependência em relação a uma entidade centralizadora.

Soluções contra falsificações baseadas no Blockchain. A falsificação é um dos maiores desafios do comércio moderno. Para o comércio eletrônico digital mundial a falsificação é o maior desafio do setor. As soluções baseadas na confiança em uma terceira parte acreditadora geram diversos conflitos entre os comerciantes e os consumidores.

A segurança descentralizada oferece uma nova e robusta solução contra as falsificações. A solução permite a criação de uma rede onde os nós armazenam as informações para validar a autenticidade dos produtos. Neste caso, os fabricantes, comerciantes e membros do mercado fazem parte da rede. Com o uso desta aplicação, os influenciadores da cadeia de valor não precisam confiar em uma entidade centralizadora acreditadora para garantir a autenticidade dos produtos.

A empresa BlockVerify (http://www.blockverify.io/, acessado em 31/10/2016) oferece uma solução contra falsificações baseada no Blockchain que introduz a transparência na cadeia de valor. As indústrias farmacêutica e de produtos eletrônicos e de luxo (diamantes e relógios) estão usando a aplicação contra falsificação da tecnologia Blockchain para resolver os problemas de fraudes que existem no mercado atualmente.

Música

A indústria da música vem sofrendo diversas mudanças desde 2006 por causa do crescimento da Internet e da oferta de vários serviços de streaming (https://en.wikipedia.org/wiki/Streaming_media, acessado em 31/10/2016). Todos os membros da cadeia de valor foram impactados na indústria da música.

Os artistas, as gravadoras, os publishers, os compositores e os provedores de serviço de streaming estão sendo afetados por mudanças rápidas e profundas. O processo para determinar os valores dos direitos autorais sempre foi complexo. O crescimento da Internet aumentou ainda mais a sua complexidade e gerou um forte aumento da exigência de transparência nos pagamentos dos direitos pelos artistas e compositores.

O Blockchain pode manter um amplo e preciso banco de dados distribuído de informações sobre a propriedade dos direitos autorais das músicas no livro-razão público. Além das informações sobre a propriedade dos direitos autorais, é possível rastrear automaticamente os valores sobre a propriedade dos direitos em cada um dos trabalhos conforme os parâmetros definidos no contrato inteligente. O contrato inteligente define os relacionamentos entre os membros da cadeia de valor e automatiza as interações.

Armazenamento Descentralizado

As soluções de armazenamento de arquivos (documentos, fotos, vídeos e músicas) na nuvem como o Dropbox, Google Drive, One Drive, Amazon Simple Storage Service (Amazon S3), Amazon Elastic File System (Amazon EFS), UOL Cloud Storage etc. estão crescendo em popularidade.

Apesar da popularidade, as soluções de armazenamento de arquivos na nuvem enfrentam desafios relacionados com a segurança, privacidade e controle dos dados. A principal questão no atual modelo é que as pessoas precisam acreditar na honestidade, capacitação e segurança de uma terceira parte, pois ela é o fiel depositário dos arquivos confidenciais.

A empresa Storj (https://storj.io/, acessado em 31/10/2016) oferece um Blockchain baseado em uma plataforma de armazenamento ponto-a-ponto distribuído na nuvem que permite que os usuários transfiram e compartilhem dados sem a necessidade de acreditar em uma terceira parte.

A solução permite que as pessoas compartilhem, em troca de micropagamentos, tanto a sua banda de Internet não utilizada, como o seu espaço em disco que não está sendo usado com os usuários que estão buscando um lugar para armazenar os seus arquivos.

A ausência de um controle central elimina a maioria das falhas e indisponibilidades ao mesmo tempo em que aumenta significativamente a segurança, privacidade e controle. A plataforma Storj utiliza um algoritmo de desafio para oferecer incentivos para os usuários para que eles participem ativamente da rede.

Para criar os incentivos, a plataforma periodicamente verifica a integridade e disponibilidade dos arquivos criptografados e oferece uma recompensa para quem mantém o arquivo. Os micropagamentos em Bitcoin incentivam e recompensam os usuários. Um Blockchain separado é usado para armazenar as informações dos metadados dos arquivos.

Internet das Coisas descentralizada

A maioria das plataformas de Internet of Things (IoT) são baseadas em um modelo centralizado, onde um intermediário ou ponto concentrador controla as interações entre os dispositivos. Esta abordagem é inviável nas arquiteturas de rede onde os dispositivos precisam trocar entre eles informações e dados de forma automatizada. A necessidade de troca automatizada de informações gerou o desenvolvimento das plataformas de IoT descentralizadas.

A tecnologia Blockchain facilita tanto a implementação das plataformas descentralizadas de IoT, como a troca de dados segura e confiável com o armazenamento dos registros das trocas. Nesta arquitetura, o Blockchain é o livro-razão geral que mantém o registo de todas as mensagens trocadas entre os dispositivos ou equipamentos inteligentes na topologia de IoT descentralizado.

A IBM em parceria com a Samsung desenvolveu a plataforma ADEPT (Autonomous Decentralized Peer To Peer Telemetry, http://www.slideshare.net/_hd/ibm-adept, acessado em 31/10/2016) que usa os elementos desenhados para o Bitcoin para construir uma rede distribuída e descentralizada de dispositivos e equipamentos inteligentes. A plataforma ADEPT usa o protocolo BitTorrent para o compartilhamento de arquivos, Ethereum para os contratos inteligentes e TeleHash (https://en.wikipedia.org/wiki/Telehash, acessado em 31/10/2016) para o sistema de mensagens ponto-a-ponto.

A empresa Filament (https://filament.com, acessado em 31/10/2016) é uma empresa startup que fornece uma camada de software de IoT descentralizado que usa o Bitcoin Blockchain para habilitar os dispositivos para armazenar a identidade única no livro-razão público.

Serviços de Infraestrutura de Internet

Namecoin (http://bit.namecoin.info/, acessado em 31/10/2016) é uma tecnologia Blockchain usada para implementar o Domain Name Server (DNS) descentralizado. Esta versão de DNS tem como vantagem ser resiliente contra a censura. Os atuais servidores de DNS são controlados pelos governos e grandes empresas e eles podem abusar do seu controle para censurar, sequestrar ou espionar o uso de Internet. Com o uso da tecnologia Namecoin, o DNS (catálogo de endereços da Internet) é descentralizado e cada usuário pode manter o catálogo no seu computador.

A tecnologia Public Key Infrastructure (PKI) é largamente utilizada na distribuição e no gerenciamento dos certificados digitais. Todos os dispositivos e equipamentos precisam ter a raiz do certificado emitido pela autoridade certificadora (Certification Authority [CA]) para verificar a assinatura digital.

Apesar de o PKI ser largamente utilizado e ter alcançado um incrível sucesso, a dependência do sistema com o nível de escalabilidade da autoridade certificadora vem gerando graves problemas. A tecnologia Blockchain ajuda na solução de algumas das limitações do PKI através do Keyless Security Infrastructure (KSI). A verificação KSI da função de criptografia Hash precisa confiar apenas no protocolo de segurança e na disponibilidade da rede Blockchain.

Detalhamento de algumas Aplicações

Blockchain como ferramenta contra a falsificação

A empresa Blockverify (http://www.blockverify.io/, acessado em 31/10/2016) oferece uma solução, baseada na tecnologia Blockchain, contra as falsificações que introduz a transparência na cadeia de valor. Ela está desenvolvendo aplicações para a indústria farmacêutica, para a indústria do luxo, para a cadeia de valor estendida dos diamantes e para a indústria de produtos eletrônicos. A indústria farmacêutica usa as soluções contra falsificação da Blockverify para impedir que produtos falsificados entrem no mercado. A solução resolve um grande problema para as pessoas que precisam de remédios.

Os fabricantes do mercado de luxo podem usar esta tecnologia para desenvolver um sistema que verifique a autenticidade dos artigos de luxo criando um jogo de ganha-ganha entre os consumidores e os fabricantes. A indústria de diamantes pode usar esta tecnologia para desenvolver um certificado de acreditação e impedir as fraudes. A indústria de eletrônicos pode usar esta tecnologia para assegurar que os consumidores estão adquirindo produtos autênticos.

Todas as indústrias podem usar a tecnologia para definir um processo onde os seus produtos são verificados para assegurar a sua autenticidade, pois cada produto é etiquetado com um Block Verify tag. Os produtos são validados e registrados na rede Blockchain. Este procedimento impede que as companhias falsifiquem os próprios produtos.

A cadeia produtiva estendida usa a tecnologia para verificar cada um dos produtos. As lojas e grandes redes varejistas podem usar dispositivos móveis para verificar e assegurar a autenticidade dos produtos. Os consumidores que estão comprando podem usar o seu dispositivo móvel para verificar se o produto é autêntico e fazer a sua ativação. Cada produto tem o seu histórico registrado permanentemente, permitindo que todos na cadeia de valor validem a autenticidade do mesmo.

A aplicação contra falsificação Chainlink (http://www.woundforlife.com/2016/02/03/chainlink-an-answer-to-counterfeit-watches/, acessado em 31/10/2016) usa moedas coloridas (Colored Coins) para impedir que artigos de luxo falsificados (bolsas e relógios) entrem no mercado. A solução permite que o mercado de produtos de segunda mão como eBay e Craigslist usem uma camada extra de confiabilidade e credibilidade.

Blockchain na Internet das Coisas

A empresa Filament (https://filament.com, acessado em 31/10/2016) é uma firma iniciante que fornece uma camada de software para IoT (Internet of Things) que usa o Bitcoin Blockchain para habilitar os dispositivos para armazenar as suas identidades únicas no livro-razão público. O objetivo é criar um diretório inteligente que habilite os dispositivos Filament IoT para comunicar em rede, executar contratos inteligentes e enviar microtransações com segurança.

A tecnologia stack da Filament usa cinco camadas (blockname, telehash, smart contracts, pennybank e BitTorrent). Todos os dispositivos têm a habilidade de gerenciar e controlar as comunicações nas cinco camadas. Na camada blockname, os dispositivos podem criar identificadores únicos que são armazenados no chip embarcado do dispositivo e registrados na rede Blockchain. A camada Telehash permite a comunicação criptografada fim-a-fim e a camada Bittorrent faz o compartilhamento de arquivos.

O pagamento pelo uso dos dispositivos é habilitado na camada smart contracts que permite que os termos dos pagamentos sejam programáveis e que acessos aos dispositivos sejam controlados.

A empresa Filament desenvolveu a camada pennybank usando um protocolo baseado no Bitcoin para as microtransações na sua plataforma, por causa das necessidades particulares dos dispositivos de IoT (eles não têm poder computacional elevado e não podem estar online o tempo todo). A camada oferece o serviço de acreditação para dois dispositivos IoT, que permite que eles estabeleçam transações quando estão conectados online.

Blockchain na indústria da música

A indústria da música está em um momento de grandes mudanças nas últimas décadas pelo crescimento da Internet e da disponibilização de vários serviços de streaming. As mudanças estão impactando os artistas, as gravadoras, os editores, os compositores e os provedores de serviços de streaming.

O processo usado para determinar o valor do pagamento dos direitos das músicas aumentou significantemente de complexidade, por causa do crescimento da música através da Internet. As exigências de transparência nos pagamentos dos direitos dos artistas e compositores estão crescendo para níveis cada vez mais elevados.

O relatório "Fair Music Transparency and Payment Flows in the Music Industry" (https://www.berklee.edu/sites/default/files/Fair%20Music%20-%20Transparency%20and%20Payment%20Flows%20in%20the%20Music%20Industry.pdf, acessado em 31/10/2016) é o resultado da pesquisa que o Berklee College of Music's Institute of Creative Entrepreneurship realizou durante o ano de 2014 sobre as práticas da indústria da música.

Segundo o relatório entre 20% e 50% de dinheiro gerado pelos serviços de streaming não são entregues para os artistas. O relacionamento entre os direitos, pagamentos, processos e participantes é complexo e ultrapassado.

A distribuição do pagamento dos direitos é muito complexa e trabalhosa. Os artistas e compositores só recebem o seu dinheiro depois dele passar por vários intermediários (os intermediários têm diferentes processos contábeis, prazos, estrutura de impostos e padrões de relatórios).

O processo de pagamento dos direitos é longo, complexo e não tem transparência. Em outras palavras, o atual processo impede que os artistas e compositores saibam qual é o valor total dos seus direitos e conheçam como eles estão sendo pagos.

Toda vez que uma música é tocada através de um serviço de streaming ocorre o pagamento de dois direitos diferentes. A maior parte é do artista ou da empresa que adquiriu os direitos que em geral é uma gravadora.

A segunda parte é do compositor ou da empresa que comprou os direitos. Os provedores de serviços de streaming nem sempre fazem os pagamentos diretos para os artistas. Normalmente, eles pagam os direitos para as organizações que gerenciam os direitos das músicas (por exemplo, Ecad, http://www.ecad.org.br/pt/Paginas/default.aspx, acessado em 31/10/2016).

Uma parte do pagamento dos direitos das músicas fica com os intermediários. Em geral, as gravadoras ficam com 50% da receita gerada pelas músicas tocadas pelos serviços de streaming. O estudo da Berklee estima que os artistas recebam das gravadoras entre 13 e 22 por cento do total recebido por elas.

Os artistas recebem 10% da receita gerada pelas músicas tocadas pelos serviços de streaming. Os editores e compositores recebem 10% da receita gerada pelas músicas tocadas pelos serviços de streaming e os serviços de streaming ficam com 30% da receita das músicas.

Os serviços de streaming da Apple Music, Spotify, Tidal etc. distribuem as receitas no formato descrito no estudo da Berklee. O processo de pagamento pode ser mais complicado em vários casos, pois é comum existirem acordos estabelecidos entre o provedor de serviços e a gravadora que os artistas e compositores desconhecem.

Existe uma clara necessidade de criar um novo ecossistema para a indústria da música que rastreie as músicas que estão sendo tocadas e vincule os vários direitos. Este vínculo precisa também estar conectado com um método de pagamento para que a indústria da música simplifique o processo de pagamento dos direitos. Existe uma extraordinária oportunidade de negócio, pois, atualmente, as informações sobre quem criou e quem possui os direitos das músicas estão registradas em vários bancos de dados distribuídos que não são sincronizados uns com os outros.

A tecnologia Blockchain pode explorar esta oportunidade porque ela é capaz de criar e manter um abrangente e exato banco de dados compartilhado e distribuído com as informações de quem criou e quem possui os direitos das músicas no formato de um livro-razão público. Além das informações sobre quem possui os direitos, o banco de dados pode conter o rateio conforme o que foi determinado nos contratos inteligentes.

Neste formato, vai existir um endereço único próprio no livro-razão para cada música, para cada detentor dos direitos, para os compositores e cantores. Os contratos inteligentes definem os relacionamentos e automatizam as interações. Cada vez que uma música é tocada, a receita é automaticamente rateada entre os beneficiários conforme os termos contratuais estabelecidos entre as partes, e cada um deles terá o seu saldo atualizado imediatamente após o recebimento do pagamento realizado pelo cliente para o provedor de serviços de streaming.

As empresas iniciantes PeerTracks (http://peertracks.com/, acessado em 31/10/2016) e Ujo (http://ujomusic.com/, acessado em 31/10/2016) oferecem soluções para a indústria da música com base na tecnologia Blockchain.

Blockchain no armazenamento distribuído

Em 2016, a tecnologia de armazenamento de dados em nuvem exige a presença de provedores que atuam como uma terceira parte acreditadora. Na arquitetura atual de armazenamento em nuvem, os arquivos dos usuários estão conectados com uma aplicação (os ataques realizados pelos Malwares ocorrem no caminho entre os arquivos e a aplicação) e a aplicação está conectada com os servidores do provedor de nuvem (os ataques contra a privacidade ocorrem no caminho entre as aplicações e os provedores).

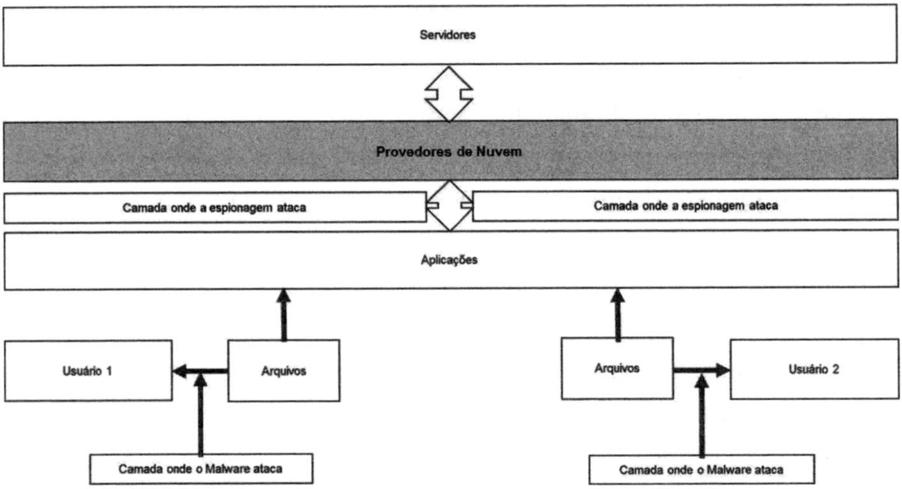

Fonte: Standard Cloud Based Storage, https://github.com/Storj/whitepapers/blob/master/metadisk/Metadisk%20Whitepaper.pdf, acessado em 31/10/2016.

Os provedores de serviços em nuvem como Amazon Web Services, Google drive, Dropbox, One drive etc. operam os serviços em conformidade com os padrões da política de redundância da indústria de armazenamento (tipicamente são realizadas três cópias do mesmo dado).

Como não existe um caminho padronizado para fazer a criptografia fim-a-fim na arquitetura da nuvem tradicional, existem diversas vulnerabilidades de segurança que podem ser exploradas pelos Malwares, man-in-the middle attacks e ataques de força bruta. Estes ataques podem expor os dados sensíveis e privados dos consumidores e das corporações.

As vulnerabilidades do armazenamento em nuvem tradicional podem ser resolvidas com a implantação de uma rede de armazenamento em nuvem ponto-a-ponto com criptografia fim-a-fim, onde os usuários podem transferir e compartilhar dados e arquivos com segurança sem a necessidade de uma terceira parte acreditadora que garanta a segurança e a confiabilidade do sistema.

Esta arquitetura elimina o problema das falhas e indisponibilidades dos sistemas tradicionais. A eliminação da terceira parte acreditadora melhora significativamente a segurança e privacidade dos dados e arquivos armazenados. Na arquitetura Metadisk a comunicação entre o usuário e o aplicativo é criptografada. Não existem, nesta arquitetura, vulnerabilidades que os Malwares e ataques contra a privacidade possam explorar.

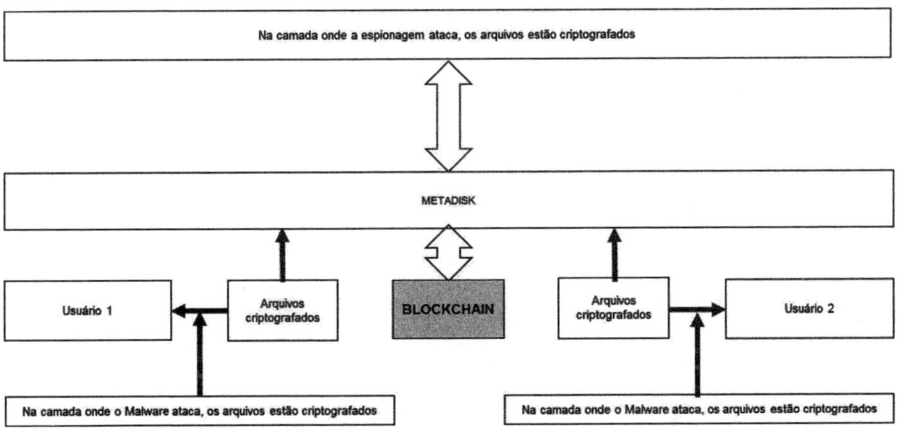

Fonte: Metadisk Based Storage https://github.com/Storj/whitepapers/blob/master/metadisk/Metadisk%20Whitepaper.pdf, acessado em 31/10/2016.

A empresa Storj (https://storj.io/, acessado em 31/10/2016) oferece uma plataforma para o armazenamento ponto-a-ponto em nuvem que usa a aplicação Metadisk baseada na tecnologia Blockchain para o armazenamento descentralizado de arquivos (Metadisk: Blockchain-Based Decentralized File Storage

Application, https://storj.io/metadisk.pdf, acessado em 31/10/2016).
A solução resolve vários defeitos do sistema de armazenamento em nuvem tradicional. A rede Storj permite que o arquivo seja criptografado no lado do cliente, onde o usuário usa a sua chave de criptografia privada para criptografar o arquivo para que ele seja armazenado na rede Storj ponto-a-ponto. A aplicação Metadisk oferece a interface através da qual um nó da rede pode encontrar um local com disponibilidade para o armazenamento do arquivo. O arquivo é transferido para, pelo menos, três locais diferentes para endereçar os requisitos do padrão de redundância.

É importante destacar que todos os usuários da rede (pessoas físicas e jurídicas) podem arrendar o seu espaço livre de armazenamento em disco e largura de banda. O usuário que arrenda o seu espaço livre de armazenamento em disco e largura de banda é chamado de farmer (fazendeiro).

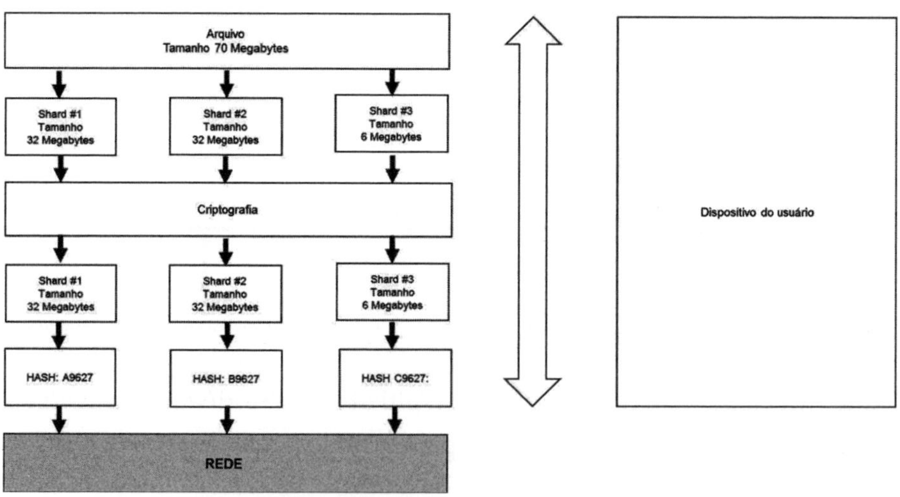

Fonte: Sharding Process (Shard é uma parte criptografada de um arquivo que será armazenada na rede), http://storj.io/storj.pdf, acessado em 31/10/2016.

O arquivo que será armazenado na nuvem é dividido em vários pequenos arquivos (shards) e então é criptografado antes de ser transmitido para a nuvem de armazenamento. É calculado o Hash do arquivo criptografado (shard) que será usado como o identificador único e chave de verificação para descobrir se o arquivo foi modificado.

A rede Storj usa o Hash para fiscalizar (sem aviso prévio) a integridade do arquivo (ou shard) sem ter que acessar ele. A rede Storj usa o Blockchain para alcançar o consenso sobre o local do arquivo e a sua integridade. Estas informações são adicionadas como metadado extra ao bloco da transação. Os metadados adicionais armazenados no Blockchain são o Hash do arquivo (ou shard), a localização na rede dos shards e o Merkle roots (Hash de todos os Hashes das transações no bloco).

As questões sobre o bloating of Blockchain (inchaço do Blockchain) que ocorre quando metadados extras são adicionados ao Blockchain são endereçadas através dos mecanismos de otimização e escalonamento do banco de dados.

Por causa do fenômeno chamado Blockchain bloat não é possível armazenar os arquivos diretamente no Blockchain. Para resolver este problema, é armazenada uma pequena quantidade de metadados de informações sobre cada arquivo no banco de dados. Este processo é executado através do envio de uma transação simples com o metadado incluído.

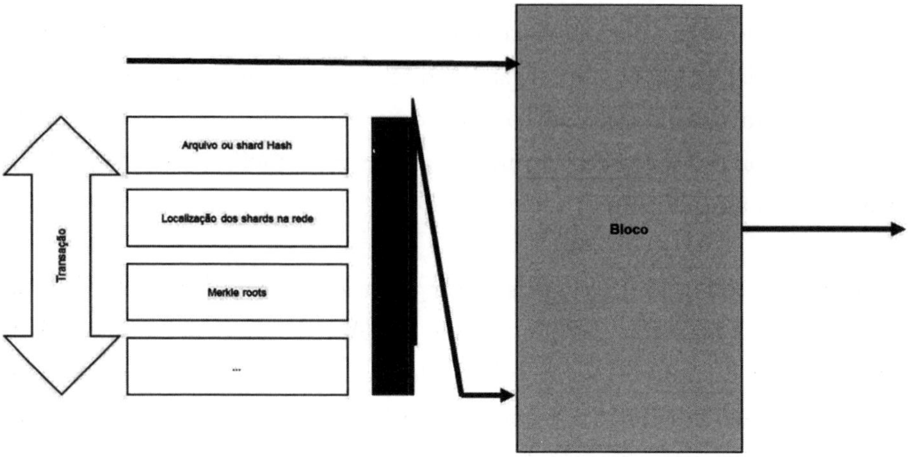

Fonte: Inserção de metadado no Blockchain, http://storj.io/storj.pdf, acessado em 31/10/2016.

Na rede Storj o preço do espaço de armazenamento é determinado pelo mercado com base na oferta e procura. Os fazendeiros, que arrendam os seus recursos, e os clientes podem estabelecer uma concorrência pública para fixar os preços. Os preços podem variar conforme a largura de banda, local e velocidade. Por exemplo, um servidor de porte empresarial pode cobrar um preço superior pelo espaço em disco do que um computador pessoal ou um smartphone.

Como um dos mais graves problemas de uma rede ponto-a-ponto é uma baixa quantidade de pontos, a empresa Storj resolveu este problema pagando em criptomoeda (SJCX) para os fazendeiros pelo arrendamento da sua largura de banda e espaço livre de armazenamento em disco.

O SJCX permite que os usuários paguem pelos recursos da rede Storj diretamente nos portais Metadisk. O software Storj atua como um agente autônomo que estabelece os preços de mercado através de aumentos em SJCX para arrendar os recursos. O software Storj periodicamente envia para os fazendeiros participantes ofertas para continuar arrendando os seus recursos.

O modelo de negócio onde o usuário paga apenas pelo espaço de armazenamento que ele está utilizando reduz sensivelmente o custo operacional do armazenamento de dados pela menor necessidade de investimento no sistema de armazenamento em disco, pela redução do custo operacional do backup, restore e ambiente externo com infraestrutura adequadamente preparada para a guarda segura das fitas ou discos de backup, pela eliminação das horas extras dos empregados para a realização dos backups fora do horário de trabalho etc.

Riscos da adoção da tecnologia Blockchain

Os seis principais riscos para a adoção da tecnologia Blockchain estão relacionados com as mudanças de comportamento, com a escalabilidade da cadeia, com o bootstrapping, com as regulamentações dos governos, com as fraudes e com a computação quântica.

Mudanças de comportamento. Existem resistências contra as mudanças. No mundo de uma terceira parte acreditadora não tangível, que o Blockchain introduz, os clientes precisam se acostumar com o fato de que as transações eletrônicas são seguras, garantidas e completas.

Os intermediários como Visa e Mastercard (setor de cartão de crédito) vão ter que mudar os seus papéis e responsabilidades. Eles vão investir nos próximos anos no desenvolvimento de plataformas baseadas no Blockchain que permitam a oferta dos seus serviços de relacionamento com os clientes.

Escalabilidade. A escalação dos nascentes serviços baseados no Blockchain apresenta vários desafios importantes. Na primeira transação usando o Blockchain, o usuário precisará baixar o conjunto completo dos Blockchains existentes e validá-los antes de realizar a sua primeira transação. Este processo pode levar várias horas porque o número de blocos aumenta exponencialmente.

Bootstrapping (conjunto de atividades que são executadas antes do Blockchain ser executado). A movimentação dos contratos, documentos e estruturas de negócio existentes para o Blockchain com base na metodologia atual exige a execução de um conjunto expressivo de tarefas de migração. Por exemplo, os documentos de posse ou hipoteca dos imóveis que estão registrados nos cartórios precisam ser migrados. Estas atividades demandam por tempo e dinheiro.

Regulamentações dos governos. No novo mundo das transações baseadas no Blockchain, as agências de controle e regulamentações como FTC (Federal Trade Commission), SEC (Securities and Exchange Commission), CVM (Comissão de Valores Mobiliários), CADE (Conselho Administrativo de Defesa Econômica) etc. podem reduzir a velocidade de adoção pela criação de novas leis para monitorar e regulamentar a indústria para assegurar a conformidade.

Nos países onde as pessoas acreditam na efetividade operacional destas agências, a participação delas no Blockchain pode ajudar na sua adoção. Nos países onde as agências são desacreditadas, a participação delas vai atrapalhar a adoção do Blockchain.

Fraudes. Como a natureza das transações do Blockchain é pseudoanônima e existem facilidades para a movimentação de valores, os fraudadores podem usar a rede Blockchain para atividades criminosas como a lavagem de dinheiro. No entanto, as agências podem criar regulamentos, leis e soluções que sejam suficientes para monitorar e processar os criminosos.

Computação Quântica (Quantum Computers: The End of Cryptography?, http://www.makeuseof.com/tag/quantum-computers-end-cryptography/, acessado em 31/10/2016). A base de sustentação da tecnologia Blockchain é a crença no fato de que é matematicamente impossível para um único computador executar o sistema completo por causa da falta de capacidade de processamento computacional.

Os computadores quânticos podem no futuro quebrar facilmente as chaves de criptografia através da força bruta dentro de um prazo razoável. Se isto acontecer, o sistema será derrubado. É evidente que no futuro as chaves de criptografia podem evoluir com a computação quântica (https://pt.wikipedia.org/wiki/Computa%C3%A7%C3%A3o_qu%C3%A2ntica, acessado em 31/10/2016) para um outro patamar onde os computadores quânticos só consigam quebrar as chaves de criptografia via força bruta em um prazo muito grande.

Financiamentos

Em 2016, a moeda Bitcoin alcançou alto volume transacionado e preço. A moeda digital está ganhando impulso como moeda de troca entre os consumidores, como título com liquidez de mercado e como sistema de troca entre os regulamentadores.

Histórico da cotação do Bitcoin em dólares dos Estados Unidos	
Data	Fechamento
Set/16	608,22
Ago/16	578,75
Jul/16	620,89
Jun/16	662,31
Mai/16	513,69
Abr/16	447,24
Mar/16	413,00
Fev/16	433,92
Jan/16	372,27
Dez/15	427,96
Nov/15	373,81

Out/15	303,47
Set/15	234,37
Ago/15	228,00
Jul/15	280,66
Jun/15	261,68
Mai/15	231,04
Abr/15	237,72
Mar/15	241,06
Fev/15	248,00
Jan/15	213,99
Dez/14	316,77
Nov/14	374,39
Out/14	335,07
Set/14	382,97
Ago/14	475,90
Jul/14	577,68
Jun/14	638,15
Mai/14	615,00
Abr/14	438,38
Mar/14	462,09

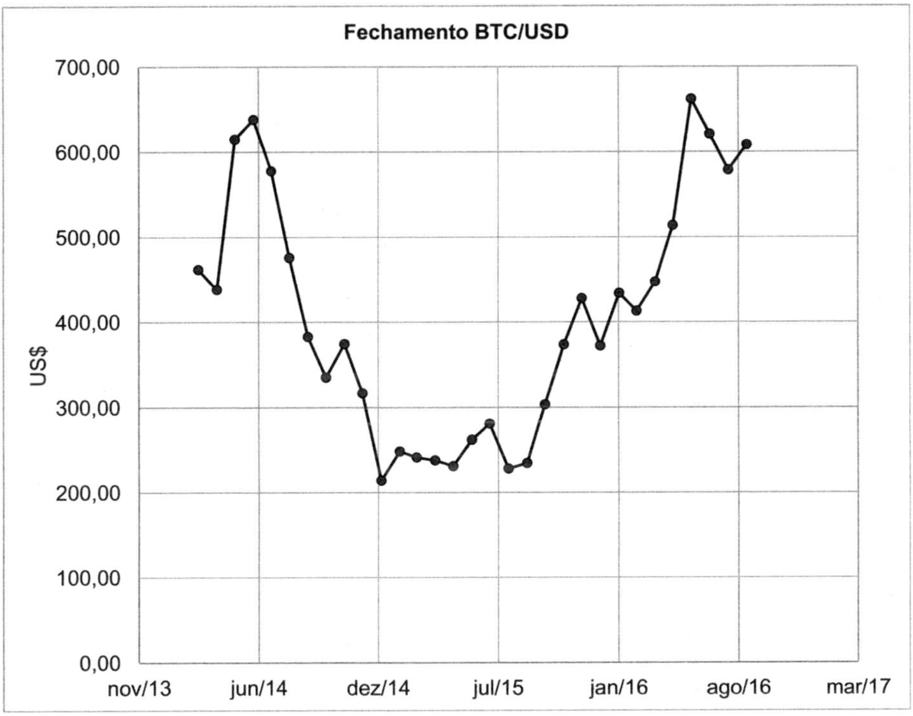

Fonte: http://br.investing.com/currencies/btc-usd-historical-data, acessado em 31/10/2016.

A grande quantidade de capital financeiro que está sendo injetada na infraestrutura digital gerou uma elevada expectativa de crescimento das empresas de Bitcoin e Blockchain.

As taxas de crescimento exponenciais têm excitado o mercado com tamanha intensidade que foi investido, até o final do ano de 2015, nas firmas de tecnologia Bitcoin e Blockchain, um bilhão de dólares (Record $1 billion invested in Bitcoin firms so far, http://money.cnn.com/2015/11/02/technology/bitcoin-1-billion-invested/, acessado em 31/10/2016).

Empresas como American Express, Bain Capital, Deloitte, Goldman Sachs, MasterCard, the New York Life Insurance Company e the New York Stock Exchange estão investindo milhões de dólares em empresas de Bitcoin. Os fundos corporativos para a infraestrutura de Bitcoin e Blockchain estão crescendo e gerando o interesse de vários segmentos do mercado. A bolsa de valores Nasdaq está usando a tecnologia Blockchain para criar um sistema mais seguro e eficiente para a comercialização de ações. A empresa DocuSign (https://www.docusign.com/, acessado em 31/10/2016) é uma firma especializada em contratos eletrônicos, que uniu forças e ideias com a Visa para usar a tecnologia Blockchain para rastrear o aluguel de carros e eliminar as redundâncias da burocracia.

A Microsoft está planejando usar a tecnologia Blockchain em contratos inteligentes. Algumas empresas criaram Blockchains privados dentro dos seus escritórios. As empresas iniciantes como a BlockCypher (https://www.blockcypher.com/, acessado em 31/10/2016) foram contratadas para desenvolver a tecnologia Blockchain dentro do negócio das organizações.

Conclusões

A tecnologia Blockchain é a principal base de sustentação do Bitcoin. As funcionalidades do livro-razão público distribuído em conjunto com a segurança do Blockchain tornam a tecnologia uma solução atraente para resolver os atuais problemas dos negócios financeiros e não financeiros.

O Gartner's 2015 Hype Cycle for Emerging Technologies (http://www.gartner.com/newsroom/id/3114217, acessado em 31/10/2016) revelou que a criptomoeda está saindo da fase "'inflated expectations" e entrando na "trough of disillusionment".

Existe enorme interesse nas aplicações Blockchain para os negócios e muitas empresas iniciantes (startups) estão trabalhando no desenvolvimento da tecnologia. As maiores instituições financeiras do mundo (Visa, Mastercard, bancos, NASDAQ etc.) estão investindo na exploração das oportunidades geradas pelas aplicações de negócio do Blockchain. Várias organizações estão desenvolvendo novos modelos de negócio e algumas querem avançar para transformações regulatórias.

A travessia para a adoção da tecnologia não será de alta velocidade, pois existem vários riscos que precisam ser mitigados. Nos próximos vinte anos (até 2036) a tecnologia será crescentemente adotada pelas pessoas, empresas e governos (Dubai Quer Todos os Documentos do Governo no Blockchain até 2020, http://www.bitcointoyou.com/blog/dubai-quer-todos-os-documentos-do-governo-no-blockchain-ate-2020/, acessado em 31/10/2016).

Muito provavelmente, apenas algumas das empresas startups que estão desenvolvendo a tecnologia sobreviverão. Apesar do elevado nível de excitação e empolgação, os projetos Blockchain não são exceção às regras do planejamento e devem ser corretamente estudados. A etapa de iniciação do projeto deve ser capaz de responder satisfatoriamente treze perguntas:

1. Em que medida a tecnologia simplifica a operação e cria oportunidades?
2. A tecnologia elimina algum intermediário acreditador da cadeia produtiva da empresa?
3. A tecnologia explora alguma oportunidade gerada pelas mudanças?
4. A tecnologia endereça as necessidades geradas pelas mudanças?
5. Qual é o valor adicionado para o negócio da empresa no curto, médio e longo prazo pela adoção da tecnologia?
6. Qual a visão do segmento de mercado da empresa sobre a tecnologia para o ano de 2020?
7. O que os concorrentes estão fazendo sobre a tecnologia?

8. Como construir a interoperabilidade entre os vários protocolos da tecnologia na infraestrutura disponível?
9. Qual é a estratégia de curto, médio e longo prazo da cadeia produtiva para a tecnologia?
10. Como maximizar o retorno do investimento pela adoção da tecnologia?
11. Quais são as fragilidades geradas pela adoção da tecnologia? Como elas podem ser eliminadas ou minimizadas?
12. Quais são as potencialidades que são fortalecidas pela adoção da tecnologia? Como elas podem ser maximizadas?
13. Quais são os riscos gerados pela adoção da tecnologia? Como eles podem ser mitigados?

Resumo

A tecnologia Blockchain permite que as moedas virtuais, como o Bitcoin, sejam públicas, anônimas e seguras. O Blockchain é na prática um banco de dados que detalha todas as transações de Bitcoin.

O banco de dados é um livro-razão público descentralizado onde são registrados os metadados sobre quando e como cada uma das transações ocorreu. O livro-razão público é acessível através de Application Programming Interfaces (APIs).

Para impedir modificações nas transações atuais e passadas, o banco de dados é criptografado. A criptografia permite que os desenvolvedores confiem no histórico das transações e desenvolvam aplicações em cima das informações das transações.

A tecnologia oferece recursos para o rápido desenvolvimento de inovações. O Blockchain é, portanto, um banco de dados criptografado e seguro que contém os registros de todas as transações. A tecnologia pode ser também usada para habilitar tanto moedas digitais públicas, como moedas digitais privadas.

O Blockchain registra a prova indelével do metadado das transações independentemente do tipo da transação. Todos os que transacionam ativos poderão ser afetados pela tecnologia Blockchain (Don Tapscott: How the blockchain is changing money and business, http://www.ted.com/talks/don_tapscott_how_the_blockchain_is_changing_money_and_business, acessado em 31/10/2016).

O sistema monetário tradicional dos países também será impactado pelas criptomoedas, pois elas não são baseadas nos governos. O Blockchain e o Bitcoin foram publicadas pelo Satoshi Nakamoto em 2008. Os Application Programming Interfaces (APIs) do Blockchain estão disponíveis no endereço https://blockchain.info/pt/api (acessado em 31/10/2016). Existem APIs para:

- Processar pagamentos
- Carteira digital
- Informações sobre as transações e blocos
- Informações de mercado

O tamanho do arquivo do Blockchain é de várias dezenas de Gigabytes (está crescendo com grande velocidade). O arquivo pode ser baixado no endereço https://bitcointalk.org/index.php?topic=1310261.0 (acessado em 31/10/2016).

A tecnologia está disponível desde 2008 e em 2016 ela é utilizada por milhões de usuários. Apesar de as transações na criptomoeda Bitcoin serem anônimas, todas as transações são registradas no Blockchain e podem ser visualizadas usando um simples navegador de Internet. No endereço https://blockchain.info/ (acessado em 31/10/2016) é possível visualizar em tempo real várias informações sobre as transações.

O algoritmo do sistema libera aproximadamente um bloco a cada 10 minutos. A corrente de blocos é confiável e pode ser usada para desenvolver aplicações e protocolos que exigem transparência e segurança.

A moeda digital é um conceito de fácil entendimento em todas as partes do mundo. O controle da moeda digital é realizado pelas pessoas e/ou instituições. O Blockchain e Bitcoin oferecem transparência total para as transações realizadas. O algoritmo do sistema controla a oferta da criptomoeda Bitcoin.

O Nakamoto que criou o sistema afirmou que o Bitcoin é uma corrente contínua de criptografia baseada na prova de trabalho que gera um registo que não pode ser alterado sem que a prova de trabalho seja refeita.

Uma longa cadeia de blocos prova a sequência de acontecimentos testemunhada e também prova que ela foi gerada através de uma grande capacidade de processamento computacional. Como a maior parte do poder computacional é controlada pelos nós da rede que estão colaborando com o sistema, a longa cadeia de blocos é na realidade uma poderosa barreira contra os ataques digitais externos.

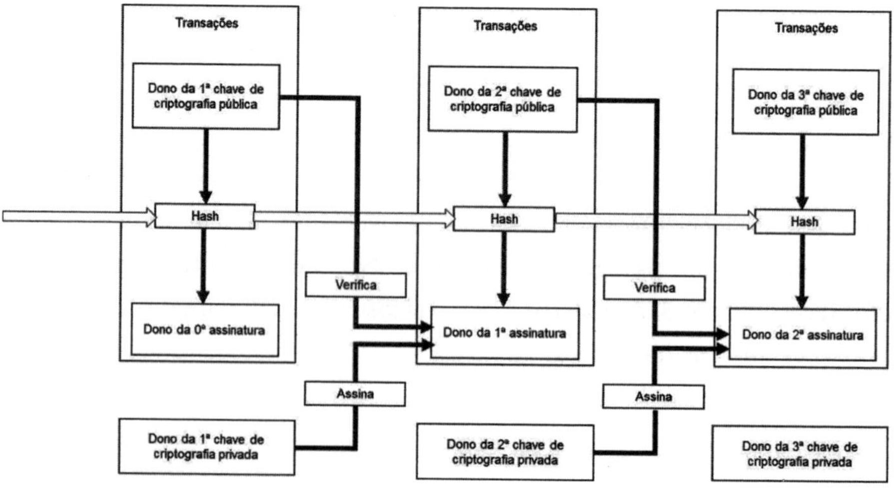

Fonte: Satoshi Nakamoto, Bitcoin: A Peer-to-Peer Electronic Cash System, https://bitcoin.org/bitcoin.pdf, acessado em 31/10/2016.

As criptomoedas são transacionadas da mesma forma que as moedas tradicionais emitidas pelos governos dos países (bancos centrais). Em outras palavras, elas são utilizadas na compra e venda de bens e serviços e nos investimentos em títulos e ações nas bolsas de valores.

As criptomoedas também podem ser trocadas por moedas tradicionais como o Real, Dólar, Libra, Euro, Iene etc. através de um fator de conversão (taxa de câmbio). Infelizmente, os algoritmos do Bitcoin não conseguem impedir os comportamentos ilegais.

É possível comprar e vender, tanto produtos e serviços legais como ilegais. A característica de anonimato na realização das transações pode ser utilizada para o bem e para o mal. É importante destacar que as moedas tradicionais também não conseguem impedir os comportamentos ilegais.

O Blockchain pode ser utilizado pelas empresas e pessoas como uma rede financeira privada. Empresas especializadas em: (i) Programas de fidelização; (ii) Programas de milhagem; (iii) Programas de prêmios e recompensas para os trabalhadores; (iv) Programas de tíquete refeição; (v) Programas de tíquete combustível; (vi) Bilhete único ou vale transporte; (vii) Clubes de pontos (operadoras de telefonia) e (viii) Programas de pontos (operadoras de cartões de crédito, bancos etc.) podem construir redes financeiras privadas para transacionar entre elas e com os seus clientes.

As empresas podem construir um sistema financeiro interno de baixo custo para ser utilizado pelos empregados, vendedores e fornecedores e reduzir os seus custos operacionais.

No Brasil, a receita federal enxerga as criptomoedas como investimentos cujo imposto é pago no momento da realização do lucro (Brasileiro tem que declarar bitcoin; IR pode ser cobrado, http://www1.folha.uol.com.br/mercado/2014/04/1436809-brasileiro-tem-que-declarar-bitcoin-ir-pode-ser-cobrado.shtml?mobile, acessado em 31/10/2016).

As transações em criptomoedas entre os membros de uma cadeia produtiva elimina o atual problema de bitributação da indústria e comércio. A maioria dos países tributa apenas as receitas nas moedas tradicionais.

A tecnologia Blockchain também pode ser usada como um sistema da identidade. As empresas Onename (https://onename.com/, acessado em 31/10/2016), BitHealth (http://devpost.com/software/bithealth, acessado em 31/10/2016) e Keybase (https://keybase.io/, acessado em 31/10/2016) usam o Blockchain para gerar uma identificação verificável.

As comunidades, sociedades, negócios e pessoas serão impactadas pelo Blockchain, pois a tecnologia permite a realização de transações financeiras anônimas. O crescimento das criptomoedas também vai estimular comportamentos ilegais. Nos últimos anos, o ataque Ransomware (https://pt.wikipedia.org/wiki/Ransomware, acessado em 31/10/2016) vem crescendo de popularidade por causa do sucesso da extorsão em Bitcoin.

Os mercados negros estão crescendo em popularidade, pois na chamada Dark Web (https://pt.wikipedia.org/wiki/Dark_web, acessado em 31/10/2016) os hackers estão comprando e vendendo em criptomoedas: (i) dados e informações roubadas, (ii) pragas de zero-day exploits, (iii) remédios controlados, (iv) drogas, (v) armas e (vi) escravos. As autoridades nacionais e internacionais responsáveis pelo cumprimento das leis estão rastreando as transações ilícitas que estão sendo realizadas na Dark Web, no entanto, o anonimato da identidade das criptomoedas está dificultando a identificação dos envolvidos.

Como o Blockchain é um sistema rico em dados, segurança e transparência, ele pode ser usado como uma plataforma de desenvolvimento para as empresas iniciantes e inovadoras. A Stampery (https://stampery.co/, acessado em 31/10/2016) é uma empresa que valida os e-mails ou arquivos com um timbre usando a tecnologia Blockchain.

A empresa Ethereum (https://www.ethereum.org/, acessado em 31/10/2016) é uma firma iniciante de Blockchain que oferece uma plataforma que facilita o desenvolvimento de Blockchains, criptomoedas e contratos inteligentes.

A Viacoin (https://viacoin.org/, acessado em 31/10/2016) é uma das empresas que usa os processos de câmara de compensação (clearinghouse, https://viacoin.org/blog/2014/10/14/blockchain-notary.html, acessado em 31/10/2016) para os serviços cartoriais.

A empresa startup Mycelium (https://mycelium.com/, acessado em 31/10/2016) desenvolveu vários sistemas, dispositivos e cartões de débito para que os pontos de venda físicos possam receber pagamentos realizados com as criptomoedas.

A empresa Storj (https://storj.io/, acessado em 31/10/2016) oferece um Blockchain baseado em plataforma ponto-a-ponto de armazenamento distribuído na nuvem que permite que os usuários transfiram e compartilhem dados sem a necessidade de acreditar em uma terceira parte provedora de infraestrutura.

O artigo "Brasil é um dos principais mercados do programa de startups do Facebook" (http://idgnow.com.br/internet/2016/10/19/brasil-e-um-dos-principais-mercados-do-programa-de-startups-do-facebook/, acessado em 31/10/2016) revelou que 74% das empresas iniciantes brasileiras fecham as suas portas após cinco anos de vida, que 67% quebram entre dois a cinco anos e que 18% desaparecem até o segundo ano da operação.

Nada indica que as empresas iniciantes da tecnologia Blockchain terão um destino mais promissor. Isto significa que será preciso realizar um enorme esforço em termos da elevação da capacitação empreendedora das lideranças dos negócios para que o Brasil ocupe uma posição de destaque na nova economia habilitada pela tecnologia Blockchain.

Bibliografia

http://www1.folha.uol.com.br/mercado/2014/04/1436809-brasileiro-tem-que-declarar-bitcoin-ir-pode-ser-cobrado.shtml?mobile, Brasileiro tem que declarar bitcoin; IR pode ser cobrado, acessado em 31/10/2016

https://bitcoin.org/bitcoin.pdf, Bitcoin: A Peer-to-Peer Electronic Cash System, acessado em 31/10/2016

http://www.ecad.org.br/pt/Paginas/default.aspx, Ecad, acessado em 31/10/2016

https://www.berklee.edu/sites/default/files/Fair%20Music%20-%20Transparency%20and%20Payment%20Flows%20in%20the%20Music%20Industry.pdf, FAIR MUSIC: TRANSPARENCY AND PAYMENT FLOWS IN THE MUSIC INDUSTRY, acessado em 31/10/2016

http://idgnow.com.br/internet/2016/10/19/brasil-e-um-dos-principais-mercados-do-programa-de-startups-do-facebook/, Brasil é um dos principais mercados do programa de startups do Facebook, acessado em 31/10/2016

http://www.bmfbovespa.com.br/pt_br/index.htm, BM&FBOVESPA, acessado em 31/10/2016

http://www.nasdaq.com/, Nasdaq Stock Market, acessado em 31/10/2016 http://www.coindesk.com/nasdaqs-blockchain-services-global-exchange/, Nasdaq Opens Blockchain Services to Global Exchange Partners, acessado em 31/10/2016

http://br.advfn.com/jornal/2016/09/quinta-tem-forca-especulativa-e-sexta--eclipse-impacta-bolsa-negativamente, Quinta tem força especulativa e sexta eclipse impacta bolsa negativamente, acessado em 31/10/2016

http://g1.globo.com/economia/noticia/2016/10/bancarios-de-sao-paulo-decidem-encerrar-greve2016.html, Bancários de São Paulo decidem encerrar a greve, acessado em 31/10/2016

http://www1.folha.uol.com.br/mercado/2016/10/1824084-clientes-que--eram-do-hsbc-tem-salario-atrasado-com-migracao-para-bradesco.shtml, Clientes que eram do HSBC têm salário atrasado com migração para Bradesco, acessado em 31/10/2016

http://g1.globo.com/economia/seu-dinheiro/noticia/2016/09/juros-medios--no-cartao-de-credito-passam-de-450-ao-ano-diz-anefac.html, Juros médios no cartão de crédito passam de 450% ao ano, diz Anefac, acessado em 31/10/2016

http://www.anatel.gov.br/institucional, ANATEL - Agência Nacional de Telecomunicações, acessado em 31/10/2016

http://itgovrm.blogspot.com.br/2016/09/que-venha-o-vendor-relationship.html, Que venha o Vendor Relationship Management, acessado em 31/10/2016

http://g1.globo.com/economia/blog/samy-dana/post/os-custos-do-poder-judiciario-precisam-ser-revistos.html, Os custos do Poder Judiciário precisam ser revistos, acessado em 31/10/2016 http://fernandorodrigues.blogosfera.uol.com.br/2016/10/17/2015-teve-aumento-do-numero-de-processos-que-ficaram-sem-solucao-na-justica/, 2015 teve aumento do número de processos que ficaram sem solução na Justiça, acessado em 31/10/2016

http://www.ans.gov.br/, ANS - Agência Nacional de Saúde Suplementar, acessado em 31/10/2016

http://g1.globo.com/sao-paulo/noticia/2016/10/governo-de-sp-e-anp--fazem-acao-para-fiscalizar-postos-de-combustiveis.html, Governo de SP e ANP fazem ação para fiscalizar postos de combustíveis, acessado em 31/10/2016

http://www.anp.gov.br/, ANP - Agência Nacional do Petróleo, Gás Natural e Biocombustíveis, acessado em 31/10/2016

http://veja.abril.com.br/brasil/a-historia-do-roubo-de-33-milhoes-de-reais/, A história do roubo de 33 milhões de reais, acessado em 31/10/2016

http://portal.anvisa.gov.br/, ANVISA - Agência Nacional de Vigilância Sanitária, acessado em 31/10/2016

https://www.lendingclub.com/, Lending Club, acessado em 31/10/2016

https://biva.com.br/, Biva, acessado em 31/10/2016

https://pt.wikipedia.org/wiki/Sistema_%C3%9Anico_de_Sa%C3%BAde, SUS - Sistema Único de Saúde, acessado em 31/10/2016

https://www.serasaexperian.com.br/, Serasa Experian, acessado em 31/10/2016 https://pt.wikipedia.org/wiki/Day_trading, Day trading, acessado em 31/10/2016

http://eprint.iacr.org/2012/584.pdf, Quantitative Analysis of the Full Bitcoin Transaction Graph, acessado em 31/10/2016

https://en.wikipedia.org/wiki/Tor_%28anonymity_network%29, The Onion Router acessado em 31/10/2016

https://en.wikipedia.org/wiki/IP_address, Internet Protocol address, acessado em 31/10/2016

https://github.com/Storj/whitepapers/blob/master/metadisk/Metadisk%20 Whitepaper.pdf, Standard Cloud Based Storage, Metadisk Based Storage, acessado em 31/10/2016

https://storj.io/, Storj, acessado em 31/10/2016

http://storj.io/storj.pdf, Sharding Process, acessado em 31/10/2016

http://www1.folha.uol.com.br/colunas/ronaldolemos/2016/10/1823376--bolsas-de-aposta-sao-mais-precisas-que-pesquisas-na-previsao-de-eleicoes.shtml, Bolsas de aposta são mais precisas que pesquisas na previsão de eleições, acessado em 31/10/2016

http://www.woundforlife.com/2016/02/03/chainlink-an-answer-to-counter-feit-watches/, Chainlink acessado em 31/10/2016

http://peertracks.com/, PeerTracks acessado em 31/10/2016

http://ujomusic.com/, Ujo, acessado em 31/10/2016

http://www.makeuseof.com/tag/quantum-computers-end-cryptography/, Quantum Computers: The End of Cryptography?, acessado em 31/10/2016

https://pt.wikipedia.org/wiki/Computa%C3%A7%C3%A3o_qu%C3%A2ntica, Computação quântica, acessado em 31/10/2016

http://br.investing.com/currencies/btc-usd-historical-data, BTC/USD - Bitcoin Dólar Americano, acessado em 31/10/2016

http://money.cnn.com/2015/11/02/technology/bitcoin-1-billion-invested/, Record $1 billion invested in Bitcoin firms so far, acessado em 31/10/2016

https://www.docusign.com/, DocuSign, acessado em 31/10/2016

https://www.blockcypher.com/, BlockCypher, acessado em 31/10/2016

http://www.gartner.com/newsroom/id/3114217, Gartner's 2015 Hype Cycle for Emerging Technologies, acessado em 31/10/2016

http://www.bitcointoyou.com/blog/dubai-quer-todos-os-documentos-do-governo-no-blockchain-ate-2020/, Dubai Quer Todos os Documentos do Governo no Blockchain até 2020, acessado em 31/10/2016

http://www.ted.com/talks/don_tapscott_how_the_blockchain_is_changing_money_and_business, Don Tapscott: How the blockchain is changing money and business, acessado em 31/10/2016

https://blockchain.info/pt/api, Application Programming Interfaces (APIs) do Blockchain, acessado em 31/10/2016 https://bitcointalk.org/index.php?topic=1310261.0, arquivo do Blockchain, acessado em 31/10/2016

https://blockchain.info/, Transações em tempo real Blockchain, acessado em 31/10/2016

https://onename.com/, Onename, acessado em 31/10/2016

http://devpost.com/software/bithealth, BitHealth acessado em 31/10/2016

https://keybase.io/, Keybase, acessado em 31/10/2016

https://pt.wikipedia.org/wiki/Ransomware, Ransomware, acessado em 31/10/2016

https://pt.wikipedia.org/wiki/Dark_web, Dark Web, acessado em 31/10/2016

https://mycelium.com/, Mycelium, acessado em 31/10/2016

http://chain.com/, Chain, acessado em 31/10/2016

http://www.investopedia.com/articles/investing/121014/medici-blockchain-stock-exchange.asp#ixzz4KHhUWdPD, Medici, The Blockchain Stock Exchange, acessado em 31/10/2016

http://counterparty.io/, Counterparty, acessado em 31/10/2016

https://blockstream.com, Blockstream, acessado em 31/10/2016

http://themerkle.com/coinsetter-launches-project-high-line-blockchain-settlement-trades/, Coinsetter Launches Project High Line, Blockchain Settlement For Trades, acessado em 31/10/2016 https://en.wikipedia.org/wiki/Augur_(software), Augur, acessado em 31/10/2016

https://bitshares.org/, BitShares - Your share in the Decentralized Exchange, acessado em 31/10/2016

https://techcrunch.com/2015/06/29/everledger/, Everledger Is Using Blockchain To Combat Fraud, Starting With Diamonds, acessado em 31/10/2016

https://stampery.co/, Stampery, acessado em 31/10/2016

https://viacoin.org/, Viacoin, acessado em 31/10/2016

https://viacoin.org/blog/2014/10/14/blockchain-notary.html, clearinghouse, acessado em 31/10/2016

http://www.blocknotary.com/, Block Notary, acessado em 31/10/2016

http://www.cryptopublicnotary.com/, Crypto Public Notary, acessado em 31/10/2016

https://proofofexistence.com/, Proof of Existence, acessado em 31/10/2016

https://en.wikipedia.org/wiki/Cryptographic_hash_function, SHA256, acessado em 31/10/2016

https://www.ascribe.io/, Ascribe, acessado em 31/10/2016

https://en.wikipedia.org/wiki/Streaming_media, Streaming media, acessado em 31/10/2016

https://en.wikipedia.org/wiki/Timestamp, timestamp, acessado em 31/10/2016 https://en.wikipedia.org/wiki/Telehash, TeleHash, acessado em 31/10/2016

https://filament.com, Filament, acessado em 31/10/2016

http://www.blockverify.io/, BlockVerify, acessado em 31/10/2016

http://bit.namecoin.info/, Namecoin, acessado em 31/10/2016

https://www.nasdaqprivatemarket.com/, NASDAQ Private Market, acessado em 31/10/2016

http://www.reuters.com/article/2015/09/15/us-banks-blockchain-idUSKCN0RF24M20150915, Nine of world's biggest banks join to form blockchain partnership, acessado em 31/10/2016

https://www.ethereum.org/, Ethereum, acessado em 31/10/2016

https://codius.org/, Codius, acessado em 31/10/2016

https://www.linkedin.com/pulse/avoiding-pointless-blockchain-project-gideon-greenspan, Avoiding the pointless Blockchain project, acessado em 31/10/2016

https://en.m.wikipedia.org/wiki/Clearing_(finance), Clearing, acessado em 31/10/2016

https://en.m.wikipedia.org/wiki/Bank_reconciliation, Bank reconciliation, acessado em 31/10/2016

http://cabedal.net/oquee_custodia.asp, Custódia, acessado em 31/10/2016 http://www.dtcc.com/clearing-services/ficc-gov/rttm, Trade matching, acessado em 31/10/2016

http://documents.mx/documents/gs-the-future-of-finance-redefining-the-way-we-pay-in-the-next-decade-150310.html, Goldman, Sachs & Co, The Future of Finance Redefining "The Way We Pay" in the Next Decade, acessado em 31/10/2016

http://blog.payprogent.com/186/the-beauty-of-the-blockchain/, Payprogent Bitcoin Payment System, acessado em 31/10/2016

http://www.newsbtc.com/2015/01/23/solving-real-world-problems-bitcoin-blockchain/, Solving Real World Problems With the Bitcoin Blockchain, acessado em 31/10/2016

http://www.coinbuzz.com/2015/04/23/factom-steps-into-the-healthcare-sector-with-healthnautica/, Factom Steps Into the Healthcare Sector with HealthNautica, acessado em 31/10/2016

https://guardtime.com/, Guardtime, acessado em 31/10/2016

http://www.eurocomms.com/industry-news/10074-ericsson-boosts-security-of-cloud-portfolio-with-guardtime-partnership, Ericsson boosts security of cloud portfolio with Guardtime partnership, acessado em 31/10/2016

http://www.billboard.com/articles/business/6664006/colu-revelator-blockchain, Blockchain Platform Colu Partners With Revelator in Push to Fix Music's Data, acessado em 31/10/2016

https://www.pressadvantage.com/story/3298-peer-tracks-announces-newmusic-site-that-runs-on-cryptonomex-blockchain-technology, Peer Tracks Announces New Music Site That Runs on Cryptonomex Blockchain Technology, acessado em 31/10/2016

https://cointelegraph.com/news/block-verify-uses-blockchains-to-end-counterfeiting-and-make-world-more-honest, Block Verify Uses Blockchains to End Counterfeiting and 'Make World More Honest', acessado em 31/10/2016

http://www.alizila.com/alibabas-counterfeit-reporting-system-gets-an-upgrade/, Alibaba's Counterfeit Reporting System Gets an Upgrade, acessado em 31/10/2016

http://www.google.com.br/search?biw=360&bih=264&ei=I1LZV4z5NoeawATc-rb4BA&q=diamond+pavilion&oq=pavilion+diamant&gs_l=mobile-gws-serp.1.1.41j0i22i10i30k1j0i22i30k1.11064.11064.0.14324.1.1.0.0.0.0.485.485.4-1.1.0....0...1c.1.64.mobile--gws-serp..0.1.483.rq31NkiGPP0#imgrc=Bv2koGt8SxiDOM%3A, Imagens de diamond pavilion, acessado em 31/10/2016

https://techcrunch.com/2015/06/29/everledger/, Everledger Is Using Blockchain To Combat Fraud, Starting With Diamonds, acessado em 31/10/2016

https://r3cev.com/, R3, acessado em 31/10/2016

http://www.coinffeine.com/, Coinffeine, acessado em 31/10/2016

https://bitsquare.io/, Bitsquare, acessado em 31/10/2016

https://quedex.net/, Quedex, acessado em 31/10/2016

https://bithalo.org/, BlackHalo, acessado em 31/10/2016

https://openbazaar.org/, OpenBazaar, acessado em 31/10/2016

http://www.economist.com/news/finance-and-economics/21695068-distributed-ledgers-are-future-their-advent-will-be-slow-hype-springs, Hype springs eternal, acessado em 31/10/2016

http://www.imponderablethings.com/2013/07/how-bitcoin-works-under-hood.html, How Bitcoin Works Under the Hood, acessado em 31/10/2016

http://g1.globo.com/tecnologia/noticia/2014/02/entenda-como-e-uma-transacao-feita-com-moeda-virtual-bitcoin.html, Entenda como é uma transação feita com a moeda virtual bitcoin, acessado em 31/10/2016

http://www.coindesk.com/blockchain-lottery-miners-rewarded/, The Blockchain Lottery: How Miners Are Rewarded, acessado em 31/10/2016

http://www.ft.com/intl/cms/s/2/eb1f8256-7b4b-11e5-a1fe-567b37f80b64.html#axzz3qe4rV5dH, Technology: Banks seek the key to blockchain, acessado em 31/10/2016

https://epxx.co/artigos/bitcoin.html, Bitcoin: tradução seletiva do artigo original, acessado em 31/10/2016

http://www.idgconnect.com/blog-abstract/20201/from-farmers-bitcoins-mexican-fintechs-drive-change, From farmers to bitcoins, Mexican fintechs drive change, acessado em 31/10/2016

https://bitcoinmagazine.com/articles/overstock-com-offer-worlds-first-cryptosecurity-bitcoin-blockchain-1433797910, Overstock.com to Offer World's

First Cryptosecurity on Bitcoin Blockchain, acessado em 31/10/2016

http://www.investopedia.com/articles/investing/121014/medici-blockchain-stock-exchange.asp, Medici, The Blockchain Stock Exchange, acessado em 31/10/2016

http://www.techrepublic.com/article/blockchain-the-smart-persons-guide/?ftag=TREa988f1c&bhid=20826003731419366201607380150567, Blockchain: The smart person's guide, acessado em 31/10/2016

http://olhardigital.uol.com.br/pro/noticia/japao-aceitara-pagamento-de-contas-de-luz-em-bitcoin/62483, Japão aceitará pagamento de contas de luz em bitcoin, acessado em 31/10/2016

http://computerworld.com.br/itau-procura-experts-em-tecnologia-para-programa-digital, Itaú procura experts em tecnologia para programa digital, acessado em 31/10/2016

http://cio.com.br/noticias/2016/09/30/economia-brasileira-pode-ganhar-r-495-bilhoes-com-digitalizacao-dos-servicos-financeiros/, Economia brasileira pode ganhar R$ 495 bilhões com digitalização dos serviços financeiros, acessado em 31/10/2016

http://www.risktech-forum.com/opinion/a-risk-based-view-of-why-banks-are-experimenting-with-bitcoin-and-the-block, A Risk-Based View of Why Banks are Experimenting with Bitcoin and the Blockchain, acessado em 31/10/2016

https://bitcoin.org/bitcoin.pdf, Bitcoin: A Peer-to-Peer Electronic Cash System, acessado em 31/10/2016 http://szabo.best.vwh.net/smart_contracts_idea.html, Smart Contracts: Nick Szabo, acessado em 31/10/2016

http://ojphi.org/ojs/index.php/fm/article/view/548/469, Formalizing and Securing Relationships on Public Networks: Nick Szabo, acessado em 31/10/2016

http://www.slideshare.net/philippecamacho/smart-contracts, Introduction To Smart Contracts, acessado em 31/10/2016

http://startupmanagement.org/2014/12/16/the-ultimate-list-of-bitcoin-and-blockchain-white-papers/, The Ultimate List of Bitcoin and Blockchain White Papers, acessado em 31/10/2016

https://www.youtube.com/playlist?list=PL4X_UkyO-otbk70UB2c7k-Nhx0EW1gZLec, Bitcoin Tutorial, acessado em 31/10/2016

http://www.risktech-forum.com/opinion/a-risk-based-view-of-why-banks-are-experimenting-with-bitcoin-and-the-block, A Risk-Based View of Why Banks are Experimenting with Bitcoin and the Block, acessado em 31/10/2016

http://www.slideshare.net/lablogga/blockchain-the-information-technology-of-the-future, Blockchain: The Information Technology of The Future, acessado em 31/10/2016

http://www.investopedia.com/articles/investing/042015/bitcoin-20-applications.asp, Bitcoin 2.0 Applications, acessado em 31/10/2016

https://bitcoinmagazine.com/articles/beyond-bitcoin-how-the-blockchain-can-power-a-new-generation-of-enterprise-software-1443635470, Beyond

Bitcoin: How the Blockchain Can Power a New Generation of Enterprise Software, acessado em 31/10/2016

https://en.bitcoin.it/wiki/Alternative_chain, Alternative Blockchains, acessado em 31/10/2016

http://coloredcoins.org/, Colored Coins, acessado em 31/10/201630/09/2016

https://gendal.me/2014/10/26/a-simple-explanation-of-bitcoin-sidechains/, Sidechains, acessado em 31/10/2016

https://pt.wikipedia.org/wiki/Sidechain, Sidechain, acessado em 31/10/2016

http://rethink-iot.com/2015/01/23/ibm-samsung-unveil-adept-blockchain-proof-concept-iot-security/, IBM and Samsung Reveal Proof of Concept of Blockchain-Powered Internet of Things, acessado em 31/10/2016

http://www.slideshare.net/_hd/ibm-adept, ADEPT, acessado em 31/10/2016

https://backchannel.com/bitcoin-for-rockstars-ca8366802f9#.7rx5ipfvr, Bitcoin For Rockstars, acessado em 31/10/2016

http://www.bloomberg.com/news/articles/2015-07-14/can-bitcoin-shine-a-light-into-streaming-music-s-money-traps-, Your Streaming Music Payments are Going Where?, acessado em 31/10/2016

https://cointelegraph.com/news/how_blockchain_tech_could_revolutionize_data_storage, How Blockchain Tech Could Revolutionize Data Storage acessado em 31/10/2016

Capítulo 3

Desmaterialização da Moeda Soberana

O projeto de digitalização da moeda soberana de uma nação é um esforço que exige a identificação e comunicação dos benefícios tangíveis da iniciativa, por causa do seu elevado impacto no dia a dia das pessoas. A principal consequência do processo de desmaterialização da moeda é a criação da plataforma "Banco como um Serviço" (Bank as a Service – BaaS).

Em outras palavras, é de fundamental importância que o início dos trabalhos seja focado na identificação dos seus componentes e na determinação do custo total atual do dinheiro físico. O custo da utilização do dinheiro físico como meio de pagamento está distribuído nas etapas de:

1. Produção e Emissão
2. Custódia
3. Distribuição para o atacado e varejo
4. Transações realizadas

Os custos das transações realizadas com numerário físico estão relacionados com: (i) manutenção de um ou mais funcionários de confiança (são mais caros) para trabalhar com o dinheiro, (ii) vigilância remota dos caixas do varejo e caixas eletrônicos dos bancos, (iii) perdas causadas por erros operacionais na manipulação do dinheiro pelos funcionários, (iv) compra de máquinas contadoras de dinheiro por causa do elevado volume de notas movimentado (em geral ocorre nos bancos), (v) perda de tempo e produtividade, tanto da manutenção de dinheiro físico para troco no caixa, como do depósito diário no banco) por causa do dinheiro do caixa (pode ocorrer várias vezes), (vi) segurança física e eletrônica por causa da permanente ameaça de roubo, (vii) aumento do valor do seguro por causa da presença de dinheiro físico no caixa, (viii) segurança extra para transportar o dinheiro até o banco, (ix) manutenção dos caixas eletrônicos abastecidos com dinheiro fora do expediente bancário e (x) redução da produtividade empresarial por causa do tempo gasto na contabilização manual do dinheiro do caixa.

Foi afirmado que o custo total anual do ciclo do dinheiro brasileiro é de aproximadamente R$ 90 bilhões, quando se considera a emissão, custódia, distribuição de atacado e varejo e os custos das tratativas com o dinheiro no comércio.

Fonte: Aldênio Burgos e Bruno Batavia (O Meio Circulante na Era Digital, https://www.bcb.gov.br/htms/public/inovtec/O-Meio-Circulante-na-Era-Digital.pdf?4, acessado em 09/01/2019).

CASA DA MOEDA DO BRASIL
CNPJ 34.164.319/0001-74

DEMONSTRAÇÃO DO RESULTADO DO EXERCÍCIO

EXERCÍCIO DE 2017

DESCRIÇÃO	NOTA	EM REAIS 31.12.2017	EM REAIS 31.12.2016
I - FATURAMENTO BRUTO		**960.508.377,86**	**2.408.843.412,80**
(-) IPI CONTIDO NO FATURAMENTO BRUTO		191.351,90	387.259,29
II - RECEITA BRUTA DAS VENDAS DE PRODUTOS E SERVIÇOS	(12.1)	**960.317.025,96**	**2.408.456.153,51**
DEDUÇÕES DAS VENDAS		3.528.533,26	4.813.148,87
(-)IMPOSTO S/CIRCULAÇÃO DE MERCADORIAS E SERVIÇOS	(12.2)	1.073.161,29	1.265.633,78
(-)IMPOSTO S/SERVIÇOS	(12.2)	866.129,49	1.013.424,82
(-)PASEP S/FATURAMENTO	(12.2)	261.373,14	396.370,11
(-)COFINS S/FATURAMENTO	(12.2)	1.218.218,14	1.829.326,96
(-)DEVOLUÇÕES DE VENDAS	(12.2)	109.651,20	308.393,20
III - RECEITA LÍQUIDA DAS VENDAS DE PRODUTOS E SERVIÇOS		**956.788.492,70**	**2.403.643.004,64**
IV - CUSTOS DOS PRODUTOS E SERVIÇOS VENDIDOS	(12.2)	**694.831.611,31**	**1.866.667.831,89**
V - LUCRO BRUTO OPERACIONAL	(12.2)	**261.956.881,39**	**536.975.172,75**
VI - DESPESAS (RECEITAS) OPERACIONAIS		451.043.106,76	496.413.989,86
DESPESAS ADMINISTRATIVAS		447.961.588,04	429.547.070,81
DESPESAS COM PESSOAL	(12.3)	352.313.844,68	332.500.804,07
DESPESAS COM MATERIAIS	(12.3)	8.200.059,25	4.532.225,66
DESPESAS COM SERVIÇOS	(12.3)	70.992.356,25	76.370.379,06
DEPRECIAÇÕES E AMORTIZAÇÕES	(12.3)	16.455.327,86	16.143.662,02
DESPESAS TRIBUTÁRIAS	(12.3)	6.740.906,84	3.869.897,37
OUTRAS DESPESAS (RECEITAS) OPERACIONAIS - LÍQUIDAS	(12.3)	(3.659.388,12)	62.997.021,68
VII - RESULTADO ANTES DAS RECEITAS E DESPESAS FINANCEIRAS		**(189.086.225,37)**	**40.561.182,89**
VIII - RESULTADO FINANCEIRO		71.489.807,52	42.649.099,72
RECEITAS FINANCEIRAS	(12.4)	94.265.490,81	95.575.391,20
DESPESAS FINANCEIRAS	(12.4)	22.775.683,29	52.926.291,48
IX - RESULTADO ANTES DOS TRIBUTOS SOBRE O LUCRO		**(117.596.417,85)**	**83.210.282,61**
X - PROVISÃO PARA IMPOSTO DE RENDA	(7.8)	-	(17.012.015,73)
XI - PROVISÃO PARA CONTRIBUICAO SOCIAL	(7.8)	-	(6.022.173,77)
VIII - RESULTADO LÍQUIDO DO PERÍODO	(9.0)	**(117.596.417,85)**	**60.176.093,11**

As Notas Explicativas são partes integrantes das Demonstrações Contábeis.

Rio de Janeiro, 31 de Dezembro de 2017

Fonte: Demonstração do Resultado do Exercício, https://www.casadamoeda.gov.br/arquivos/lai/demonstracoes-financeiras/demonstracao-resultado-exercicio/demonstracao-resultado-exercicio-2017.pdf, acessado em 09/01/2019.

Em 2017 a CASA DA MOEDA DO BRASIL registrou prejuízo de R$ 117.596.417,85. As despesas operacionais da entidade foram de R$ 451.043.106,76 no ano de 2017. As despesas operacionais para emitir dinheiro, passaportes, selos, diplomas, carteiras etc. custam aproximadamente R$ 5 bilhões por década para o Brasil.

No caso brasileiro, a materialização do numerário consome recursos bilionários da sociedade brasileira. O custo total por década é de aproximadamente R$ 1 trilhão. O uso do cartão do banco ou cartão de crédito poderia ser uma alternativa para reduzir o custo total do dinheiro físico. No entanto, existe o problema da inclusão financeira. Os cidadãos desbancarizados não têm acesso aos cartões e seriam excluídos do processo. Adicionalmente existe o problema das altas taxas de transação que são cobradas da população de baixa renda bancarizada.

A alternativa de substituir o numerário por cartões dos bancos e de crédito é uma solução incompleta que é incapaz de resolver o problema do elevado custo total do numerário brasileiro. Alguns estão propondo os cartões pré-pagos como complemento da solução.

Estas pessoas alegam que a modalidade vem ganhando força no Brasil e ela pode contribuir para o crescimento do nível de inclusão financeira. O grande inconveniente dos cartões pré-pagos é o seu elevado grau de intermediação.

Como a concentração do mercado de cartões pré-pagos é bastante elevada, é muito pouco provável que as atuais taxas transacionais sejam reduzidas significativamente no futuro. Neste contexto, é mais interessante digitalizar a moeda soberana e resolver o problema de custo do numerário de forma robusta, consistente e permanente.

O numerário em espécie é largamente utilizado pela população de baixa renda, pois é o único meio de pagamento e reserva de valor que eles têm acesso. Por causa desta característica, a redução de custos não pode ser o único critério para justificar o projeto de desmaterialização do dinheiro. É preciso que a iniciativa também ofereça benefícios de proteção à sociedade e ao consumidor.

A rastreabilidade do meio de pagamento desmaterializado pela digitalização permite que a sociedade ganhe novas ferramentas para o combate contra a corrupção, lavagem de dinheiro e evasão fiscal. O fenômeno chamado de entesouramento das moedas metálicas, onde um terço delas não circula por um longo prazo deixa de ocorrer (por exemplo, perda, ou esquecimento ou armazenamento em cofrinhos infantis). As soluções de digitalização da moeda soberana estão sendo experimentadas por uma parte da comunidade internacional.

Em novembro de 2016, Ben S. C. Fung e Hanna Halaburda do Currency Department do Bank of Canada publicou uma estrutura para estudar a viabilidade da implantação de uma moeda digital soberana. O trabalho "Central Bank Digital Currencies: A Framework for Assessing Why and How" propõe um framework para avaliar porque o Banco Central deve considerar a alternativa de emitir uma moeda digital soberana e como fazer a sua implementação para aumentar a eficiência do sistema de pagamentos.

(Central Bank Digital Currencies: A Framework for Assessing Why and How, https://www.bankofcanada.ca/wp-content/uploads/2016/11/sdp2016-22.pdf, acessado em 09/01/2019).

Neste estudo, o Bank of England avaliou as virtudes de uma moeda digital soberana.

Em maio de 2018, Michael Kumhof do Bank of England e Clare Noone do Reserve Bank of Australia publicaram o estudo "Central bank digital currencies (CBDC) — design principles and balance sheet implications" (https://www.bankofengland.co.uk/-/media/boe/files/working-paper/2018/central-bank-digital-currencies-design-principles-and-balance-sheet-implications.pdf?la=en&hash=11469281B32821BCFD85B4A5483AB3577E38B2DD, acessado em 09/01/2019).

Em maio de 2018, o governo da Suíça iniciou um estudo para avaliar os riscos e as oportunidades de lançar a sua moeda digital soberana (e-franc).

Fonte: Switzerland seeks study of state-backed "e-franc" cryptocurrency (https://www.reuters.com/article/swiss-efranc/switzerland-seeks-study-of-state-backed-e-franc-cryptocurrency-idUSL5N1SO3BU, acessado em 09/01/2019).

Em 30 de agosto de 2018, foi anunciada a intenção da Índia de emitir uma moeda digital soberana para reduzir os custos de emissão do dinheiro físico.
Fonte: Índia estuda adotar criptomoeda para economizar US$ 90 milhões com impressão de dinheiro (https://criptoeconomia.com.br/india-estuda-adotar-criptomoeda-para-economizar-us-90-milhoes-com-impressao-de-dinheiro/, acessado em 09/01/2019).

Em 01 janeiro de 2019, foi anunciado que o Banco Central da Índia adiou a criação da sua moeda digital soberana.
Fonte: RBI shelves plan to launch digital currency (https://www.thehindubusinessline.com/money-and-banking/rbi-shelves-plan-to-launch-digital-currency/article25883102.ece, acessado em 09/01/2019).

A desmaterialização do numerário em suporte digital (moeda digital soberana) deve atender o princípio de valor nominal fixo, acessibilidade universal e validade nas transações públicas e privadas. É fácil perceber porque uma moeda digital soberana é diferente das moedas desmaterializadas criadas pelas organizações privadas.

O valor das moedas privadas (por exemplo, Bitcoin) em relação à moeda soberana varia em função da procura e demanda, ou seja, não é um valor fixo. O valor de uma moeda digital soberana de uma nação não varia em relação ao valor da moeda soberana física, ou seja, é um valor fixo.

A moeda digital soberana nacional deve aumentar a eficiência tanto da política monetária, como dos processos e sistemas de pagamento por causa da rastreabilidade. Ela também deve permitir uma considerável evolução do nível de inclusão financeira pela redução dos custos intrínsecos do sistema.

A Experiência do Usuário (User Experience – UX) da moeda desmaterializada deve aumentar o nível de proteção do consumidor do numerário por meio de verificações automáticas que impeçam a circulação de dinheiro falsificado ou roubado e também deve reduzir as incertezas e riscos automaticamente em relação à origem do dinheiro para que não existam pontos de atritos entre os agentes que estão transacionando.

É importante destacar que o agente intermediário das transações realizadas com dinheiro físico (bancos) é eliminado do processo nas transações realizadas com dinheiro digital. Os modelos de negócio e os sistemas de processamento existentes precisarão ser adaptados para que o Sistema Financeiro Nacional (SFN) seja capaz de trabalhar com a eliminação do intermediário nas transações.

A moeda digital soberana precisa ser confiável para que ela seja utilizada de forma irrestrita pela população brasileira. Novamente, destaco que a plenitude da sua adoção gera o efeito de desintermediação do sistema financeiro.

O dinheiro desmaterializado deve complementar o numerário físico no curto prazo. No longo prazo ele vai substituir o meio de pagamento físico.

A moeda soberana "tokenizada» oferece a facilidade de um sistema de pagamentos distribuído, onde o emissor tem acesso ao histórico transacional em tempo real. Isto significa que o Numerário Digital (ND) funciona como um Meio Circulante Digital (MCD). Os formuladores da política monetária podem observar em tempo muito próximo ao real, a resposta da sociedade para as mudanças nas regras da economia.

Neste contexto, ocorre um grande aumento da precisão do gerenciamento da macroeconomia do país. Esta arquitetura para o sistema de pagamentos permite a liquidação sem intermediários. É estabelecida uma conexão direta, em tempo real, entre o beneficiário e o pagador nas transações usando a moeda digital soberana.

Como o risco de contrapartida é eliminado, inexiste a necessidade de garantias em ativos reais para a efetivação da operação. Em outras palavras, o capital colateralizado é liberado e como consequência os custos operacionais são reduzidos. O problema de escassez de boas garantias no mercado financeiro é totalmente resolvido.

O numerário digital permite a desintermediação da cadeia de pagamentos ao mesmo tempo em que o nível de transparência e de confiabilidade é aumentado. Isto significa, que a taxa de transação deve acompanhar o processo de redução do custo marginal líquido de verificação pela eliminação da necessidade de oferecer garantias.

Os subsídios públicos presentes em algumas transações precisam ser revistos após a adoção das novas tecnologias que modificam substancialmente a infraestrutura de pagamentos. O crescimento da oferta de serviços de transferência e pagamento digital reduz ou elimina diversos custos que até então eram repassados aos consumidores.

A arquitetura da infraestrutura de pagamentos precisa permitir a entrada de novos agentes e a saída dos atores que estão atuando no mercado sem que a burocracia seja excessiva. Todos os agentes financeiros que participam da plataforma da moeda digital são, na realidade, um fornecedor de serviços que opera na modalidade "Banco como um Serviço" (Bank as a Service - BaaS).

Através das Application Programming Interfaces (APIs), é possível acessar a plataforma. Os sistemas de terceiros podem ser integrados com a infraestrutura de pagamentos criando um ambiente operacional de atividade bancária aberta (open banking). Não existe a necessidade de intermediários acreditadores no sistema.

A moeda digital aumenta a efetividade do sistema brasileiro de pagamentos porque é um meio de troca de baixo custo. Atualmente no Brasil, tanto as famílias de baixa renda, como as pequenas empresas dependem muito do numerário físico.

Os setores da sociedade com menor renda estão perdendo uma parte importante dos seus recursos financeiros, por causa do elevado custo do dinheiro físico ou das elevadas taxas para as transações realizadas com cartões pré-pagos. A realização de pagamentos com numerário digital oferece grandes benefícios para a população mais carente.

A adoção do Numerário Digital (ND) permite que sejam alcançados grandes ganhos de produtividade na macroeconomia nacional. Do ponto de vista da sociedade, a digitalização da moeda soberana equivale a uma redução dos impostos.

A eliminação da necessidade do pequeno varejo de contratar um funcionário de confiança para manusear o dinheiro do caixa, em conjunto, tanto com a eliminação das perdas para depositar e sacar o dinheiro no banco, como com a diminuição do risco de roubo, reduz significativamente o custo operacional dos pequenos negócios. O seguro contra roubo de uma loja é bem mais caro por causa da necessidade de manter numerário físico.

Os dispositivos adicionais de segurança dos caixas eletrônicos no Brasil fazem com que eles sejam aproximadamente 65% mais caros do que os similares de outros países. Os boletos bancários pagos através dos caixas eletrônicos são uma das formas de pagamento na era digital. No entanto, um grande volume de boletos é pago em dinheiro físico na boca do caixa das agências bancárias.

A infraestrutura de pagamentos precisa ser interoperável na economia digital. É preciso que a emissão de moeda digital pelo Banco Central para as transações do varejo permita que os provedores de serviços de pagamento e transferência de diferentes locais e países trabalhem com liquidez em tempo real.

O numerário digital é, portanto, um "token» que assegura a liquidez do sistema de pagamentos em tempo real. A disseminação do uso da moeda digital soberana deve ocorrer em paralelo com o processo de obsolescência do numerário físico.

As principais consequências deste estratagema para a digitalização da moeda são o desencorajamento da evasão fiscal, o crescimento do grau de dificuldade para as operações de lavagem de dinheiro e a criação de barreiras para as atividades ilegais operacionalizadas pelas notas de grande valor do numerário físico.

Foi revelado pela consultoria A.T. Kearney que 36,5% do PIB brasileiro foi movimentado sem declaração adequada.

Fonte: Brasil tem o sexto maior mercado de trabalho informal, aponta levantamento, https://www1.folha.uol.com.br/colunas/mercadoaberto/2018/10/brasil-tem-o-sexto-maior-mercado-de-trabalho-informal-aponta-levantamento.shtml, acessado em 09/01/2019.

A economia subterrânea representa mais de 15% do Produto Interno Bruto brasileiro (Economia informal cresce pelo 4º ano seguido no país e corresponde a 16,9% do PIB, aponta estudo, https://g1.globo.com/economia/noticia/2018/12/04/economia-informal-cresce-pelo-4o-ano-seguido-no-pais-e-corresponde-a-169-do-pib-aponta-estudo.ghtml, acessado em 09/01/2019). A informalidade é uma importante fração da atividade econômica. É fácil perceber que a economia informal usa apenas dinheiro em espécie nas suas transações.

A moeda digital soberana é amiga da natureza. Ela elimina a necessidade de consumir, na produção e distribuição do meio circulante físico, diversas matérias-primas e milhares de litros de combustíveis. As centenas de toneladas de resíduos geradas na etapa de produção do papel moeda e moedas não são geradas com a moeda digital.

O numerário digital elimina, por completo, o problema da destruição do dinheiro físico que não tem utilidade. Em 2017 foram geradas quase mil e duzentas toneladas de resíduos de cédulas na destruição do numerário físico no Brasil.

Os meios digitais de pagamentos aumentam o nível de inclusão financeira da sociedade. É possível criar no universo digital uma infinidade de serviços financeiros com custo marginal unitário praticamente nulo. O fenômeno da inclusão financeira habilitada pelo numerário digital é consequência da eliminação das barreiras para a bancarização.

Muitas pessoas não possuem contas em bancos porque não existem agências próximas ou da sua residência ou do seu local de trabalho (é muito comum este problema no campo). Uma grande parte da população pobre do Brasil não tem conta bancária por causa dos custos dos serviços.

Como a maioria dos brasileiros com idade acima de 15 anos tem acesso a um telefone inteligente ou a um computador com Internet, é possível com a moeda digital soberana incluir no sistema financeiro cerca de 35% da população que não é atualmente atendida pelos bancos. Como a moeda desmaterializada elimina os intermediários do sistema de pagamentos é possível fazer a inclusão financeira com uma considerável redução de custos.

Por exemplo, são eliminadas as taxas cobradas pelos bancos nos canais eletrônicos de transferência de dinheiro (TEDs e DOCs). Neste novo mundo sem os bancos intermediando as transferências de numerário, ocorre a plena integração entre a população bancarizada com a não bancarizada.

Como o custo unitário marginal de uma transferência digital é praticamente zero, é possível estender o benefício para toda a população sem aumentar os gastos públicos. É viável com o numerário digital oferecer para a população de baixa renda a facilidade de transferir valores baixos.

Foi revelado que o custo de segurança cresceu tanto que inviabilizou o dinheiro físico em diversas cidades brasileiras.

Fonte: 'Novo Cangaço' deixa cidades do sertão da BA sem dinheiro, https://www1.folha.uol.com.br/cotidiano/2018/07/novo-cangaco-deixa-cidades-do--sertao-da-ba-sem-dinheiro.shtml, acessado em 09/01/2019.

Os frequentes roubos de caixas eletrônicos e agências bancárias estão criando o fenômeno das cidades sem dinheiro (pequenas cidades no interior do Brasil onde não é possível fazer saque em dinheiro na agência e no caixa eletrônico).

As questões relacionadas com a segurança patrimonial e integridade física das pessoas (clientes, funcionários e população) estão inviabilizando a distribuição e armazenamento do numerário físico nas pequenas cidades. Os custos de segurança estão crescendo com tamanha intensidade que os bancos estão concentrando os serviços bancários relacionados com o dinheiro físico nas agências de maior porte.

FIDO is the World's Largest Ecosystem for Standards-Based, Interoperable Authentication.

Fonte: https://fidoalliance.org/about/what-is-fido/, acessado em 09/01/2019.

A moeda digital soberana não é isenta de incidentes de segurança. No entanto, o sistema integrado de processamento do pagamento faz com que as fragilidades e ameaças de segurança cibernética possam ser resolvidas com um volume de investimento muito menor que o atual.

Como existem muitas pessoas trabalhando em paralelo nas soluções de segurança para os pagamentos digitais, os custos estão caindo dramaticamente. A FIDO Alliance desenvolve padrões para o ecossistema de pagamentos.

A moeda digital soberana continua sendo emitida pelo Banco Central (BC). A digitalização do numerário não prejudica a política monetária. As reservas bancárias do Sistema de Pagamentos Brasileiro (SPB) podem ser configuradas para que o seu acesso seja restrito.

Da mesma forma também é possível configurar a disponibilidade do numerário. O dinheiro digital pode ser configurado para que ele possa ser movimentado 24 horas por dia todos os dias do ano. No entanto, também é possível configurar a disponibilidade do dinheiro das reservas bancárias. As movimentações podem ser realizadas apenas durante o horário de operação do Sistema de Transferência de Reservas (STR).

O numerário digital tanto pode ser estruturado em contas correntes, como pode ser organizado em tokens que armazenam valor. Nos dois casos, um cidadão enxerga a quantidade de dinheiro da sua carteira através do saldo da sua conta digital. O Banco Central pode configurar a duração e o tempo de vida do numerário, pois é possível limitar a duração e o tempo de vida do dinheiro digital em função de eventos importantes. Por exemplo, o sistema permite que o BC configure uma série do dinheiro digital para que ele seja criado, emitido e resgatado apenas durante a Copa do Mundo de futebol.

O dinheiro digital estruturado em contas correntes não é anônimo, pois o sistema acessa e controla as informações. Isto significa que a privacidade das movimentações é realizada através do sigilo do saldo e das movimentações.

No caso do dinheiro digital organizado em tokens, o anonimato pode ser configurado, pois é possível desenhar a arquitetura do sistema para que apenas o possuidor da chave privada tenha acesso ao saldo e as movimentações da sua conta.

A desvantagem, neste caso, é que a perda da chave privada implica em perda do dinheiro. A estrutura em tokens permite que o sistema digital seja configurado em diferentes níveis de privacidade.

É possível também limitar a quantidade de dinheiro digital que pode ser transferida e armazenada. Em relação à transferência, é possível configurar o sistema para que as movimentações sejam realizadas apenas entre as partes envolvidas (arquitetura ponto-a-ponto - peer-to-peer) ou através de um intermediário centralizador.

Caso existam, os juros dos valores armazenados são calculados automaticamente. A taxa de juros é usada para aumentar ou diminuir a demanda pelo dinheiro digital. O Meio de Pagamento Digital (MPD) tem a mesma função do numerário físico. Ele é utilizado como meio de troca, reserva de valor e unidade de conta (referencial de trocas).

A moeda digital soberana emitida pelo Banco Central deve ser configurada para acesso amplo pela população. Para garantir o anonimato ela é organizada em tokens, com disponibilidade de 24 horas por dia todos os dias do ano, com duração indefinida e limitada conforme os parâmetros estabelecidos pelo BACEN.

As transferências de valores são ponto-a-ponto, ou seja, sem intermediários. Não existe a incidência de juros positivos ou negativos sobre os valores armazenados e as políticas de sigilo bancário garantem a privacidade do saldo e das movimentações. Atualmente o Sistema Financeiro Nacional opera com valores monetários digitalizados e o dinheiro físico é um dos principais meios de pagamento para transações no varejo brasileiro.

O dinheiro digital é formado por registros digitais assinados por uma chave privada que recebem o nome de tokens. Os tokens são, em outras palavras, a relação de propriedade que existe entre um determinado valor da moeda digital soberana e uma pessoa física ou jurídica.

Os registros digitais circulam pelo sistema financeiro e sociedade, da mesma forma que o numerário físico. Cada token é uma reserva de valor, que serve como instrumento de troca. Todas as transações são finalizadas automaticamente pelo sistema com a transferência dos tokens entre as partes envolvidas. O registro digital é um arquivo.

Valor (R$)	Proprietário	Assinatura do BC
100,00	eb724e38cb74db5df0f50fe5ade99d223e52b51ed8c3046267e03a84afbafd30	566bf034ab0a1cdfa90add087c4aea9d6d6f15ba90a08f707dd45107b761bac7

Modelo de um token

A moeda digital soberana depende da infraestrutura de energia elétrica e de telecomunicações. Em janeiro de 2018, o Brasil tinha quase 220 milhões de telefones móveis com acesso à Internet. Em outras palavras, é perfeitamente possível adotar o Real Digital como moeda soberana no Brasil.

Como também é possível trabalhar com transações offline, então as indisponibilidades por um curto espaço de tempo na rede de telecomunicações e nos sistemas de processamento dos pagamentos não causarão impactos na economia nacional e no ecossistema de pagamento digital.

As pessoas sem smartphones podem usar a moeda digital nos computadores pessoais ou através dos serviços de carteira digital. Se nada disto funcionar, a transação pode ser finalizada usando o numerário físico, pois a implantação da moeda digital soberana não obriga que o Meio Circulante Físico seja eliminado do processo. É muito melhor deixar os dois sistemas convivendo em paralelo até que ocorra uma transição gradual e não traumática.

Foi afirmado que na Índia, a rupia digital está convivendo com o dinheiro físico.

Fonte: Governos são plataformas tecnológicas, https://www1.folha.uol.com.br/colunas/ronaldolemos/2018/06/governos-sao-plataformas-tecnologicas.shtml, acessado em 09/01/2019.

Foi afirmado que a popularização do pagamento por smartphone permitiu a redução da emissão de dinheiro pelo Banco Central da China. Foi revelado que em 2017, foram transacionados 7 trilhões de dólares pelo telefone inteligente.

Fonte: China deixa cópia e cola e busca liderança em tecnologia, https://www1.folha.uol.com.br/mercado/2018/12/china-deixa-copia-e-cola-e-busca-lideranca-em-tecnologia.shtml, acessado em 09/01/2019.

Na prática, o dinheiro digital é uma rede definida por um sistema computacional distribuído onde os atores executam papéis bem definidos para assegurar a correta e precisa movimentação do meio de pagamento desmaterializado. A interação entre os membros da rede é realizada através do software. A rede suporta diversas regras e protocolos e a autoridade monetária configura a infraestrutura para que o ambiente seja multiconexão. A Internet é o tipo de conexão mais utilizado pela população.

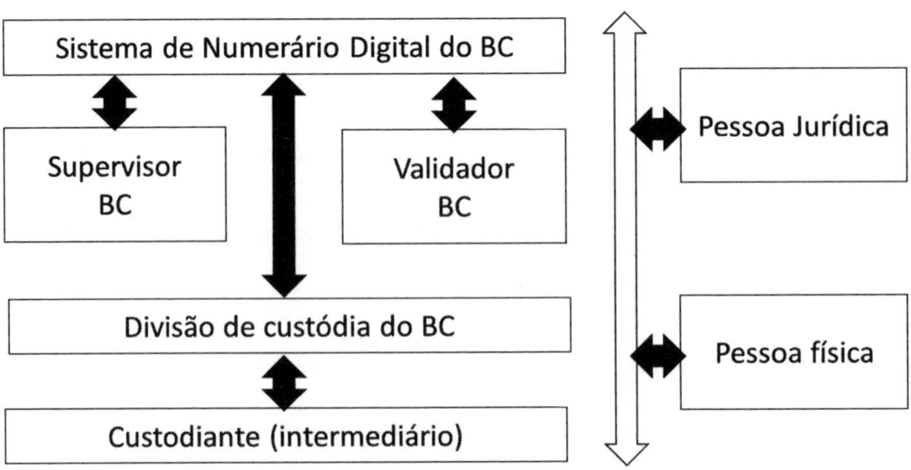

Infraestrutura do Meio Circulante Digital (MCD)

O Banco Central atua no relacionamento entre os diversos agentes da sociedade. O papel do BC como emissor de dinheiro é preservado na digitalização da moeda soberana. A organização em camadas para emitir e validar o numerário é mantida. A divisão de custódia do Banco Central é a responsável pelo gerenciamento do relacionamento com os custodiantes.

O BACEN além de emissor do dinheiro digital também atua como a instituição validadora das transações com a moeda. Este papel é novo para a organização. No entanto, ele é crucial para a confiabilidade do modelo. O BC é o garantidor da validade de cada uma das transações realizadas usando o dinheiro digital.

O software de validação trabalha em arquitetura distribuída (infraestrutura de vários datacenters organizados em uma nuvem) para assegurar a maior resiliência e desempenho possível do Meio Circulante Digital do Sistema de Pagamentos Brasileiro. O token (registro digital do numerário) armazena a assinatura digital do proprietário do valor declarado.

Em outras palavras, o dono do valor gerou uma chave pública usando a sua chave privada. A validade do token é garantida pela assinatura digital da instituição validadora (Banco Central). O modelo permite que o token desempenhe a mesma função de uma moeda soberana física.

As atividades de planejamento e controle da emissão da moeda digital soberana não devem ser tratadas de forma diferente do que é realizado atualmente para o numerário físico. São atividades exclusivas do BC.

O Banco Central estabelece as suas políticas e determina as quantidades e os valores do dinheiro digital emitido. É da alçada do BACEN emitir o numerário digital e armazenar em segurança tanto os tokens, como o certificado digital usado no processo de assinatura do meio circulante digital.

O dinheiro digital é produzido usando a chave privada de criptografia do BACEN. As instituições custodiantes recebem o numerário digital, O custodiante é o responsável pela segurança do armazenamento dos tokens (neste momento a titularidade dos tokens pertence ao BC).

Quando existir uma solicitação de transferência da titularidade dos token (troca de dinheiro físico por digital, conversão de dinheiro físico depositado em conta corrente para numerário digital etc.) é da responsabilidade do custodiante usar a sua chave privada de criptografia para solicitar junto à divisão de custódia do BC a transferência de titularidade dos tokens.

Em resumo, os tokens em custódia são armazenados com total segurança até que uma conversão de dinheiro físico em digital seja solicitada. O BC autoriza a operação e faz a validação (transferência de titularidade).

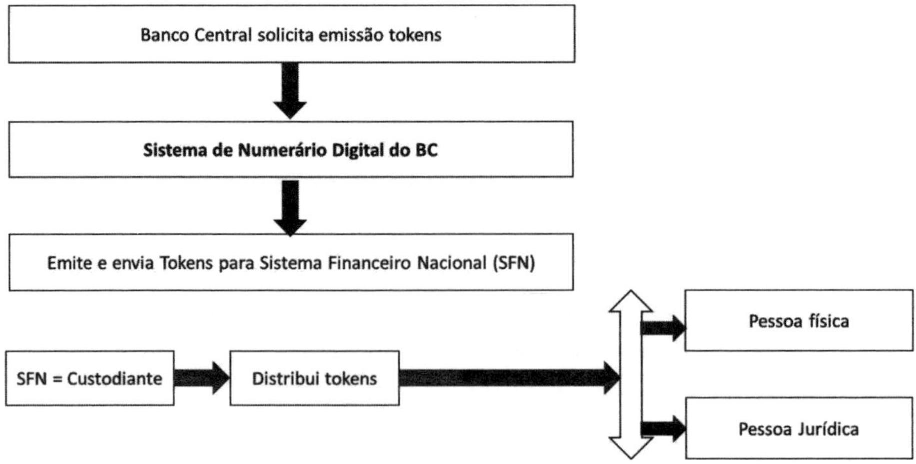

Como os tokens são emitidos e distribuídos

No sistema "Meio Circulante Digital", os bancos usam a chave pública do certificado digital do Banco Central para trabalhar com o seu estoque armazenado de tokens. Os bancos também criam as suas contas digitais no sistema de numerário digital do BC.

Após a autorização do BACEN, as instituições do sistema financeiro nacional podem operacionalizar as transações. As contas digitais estão conectadas com o Meio Circulante (físico e digital). No momento da introdução do dinheiro digital, as contas digitais enxergam apenas o numerário físico.

Os cidadãos que podem ou não ser clientes dos bancos também precisam criar as suas contas digitais no sistema de Numerário Digital do BC. Após o processo de validação do BACEN, as pessoas poderão movimentar as suas contas digitais e converter dinheiro físico em digital.

É muito importante destacar, que os valores digitais armazenados nas contas dos bancos obedecem às mesmas regras e controles do dinheiro físico que está estocado nos cofres e caixas eletrônicos do Sistema Financeiro Nacional.

Após a fase inicial de introdução do dinheiro digital, o banco faz um saque em dinheiro digital acionando o Banco Central, através do Sistema de Pagamentos Brasileiro (SPB). Neste processo ele informa qual é a sua conta digital. Os tokens do valor sacado da reserva do banco são transferidos via sistema. É preciso que o protocolo de comunicação utilizado seja simples, objetivo e seguro.

O protocolo de comunicação do sistema inteligente deve permitir que o banco inicie uma solicitação de numerário, e o BACEN debite o valor da conta reserva e transfira o dinheiro digital solicitado para o banco que fez a solicitação. Tudo isto precisa ser simples, seguro e transparente.

O BC que também tem o papel de gerenciar o relacionamento com os custodiantes (divisão de custódia do BC) efetua a transação de saque contra a reserva bancária.

A transação que é assinada digitalmente pelo BC, também é "carimbada" pelo validador do custodiante (divisão de numerário digital do BC). Apesar de o processo ser realizado por um agente inteligente digital autônomo, a divisão de numerário digital do BC (validador do sistema) deve assegurar a segurança da sua chave privada de criptografia.

Mesmo após a transferência da titularidade dos tokens para o banco, o protocolo mantém o dinheiro digital vinculado com o sistema do Banco Central de controle de numerário. A instituição financeira armazena o dinheiro usando um software de carteira digital.

Quando um cliente do banco faz um saque, o software de carteira digital do banco transfere o valor para a carteira digital do cliente. Na prática, é o mesmo processo que ocorre com o dinheiro estocado nos cofres e caixas eletrônicos dos bancos.

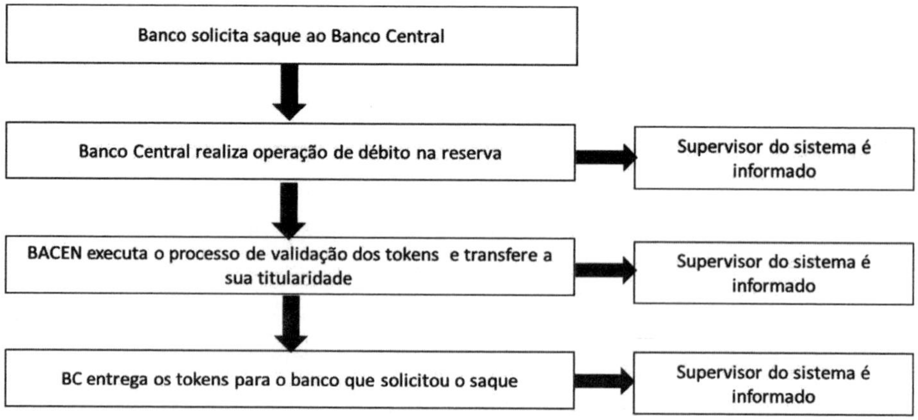

Operação de saque contra reserva bancária

Como o dinheiro digital e físico conviverão por algum tempo, o BACEN precisa criar mecanismos de automação da integração e conversibilidade. Não tem sentido algum desenvolver uma estrutura de contas digitais que operacionalize apenas os depósitos e os saques realizados com o numerário digital. As contas precisam suportar as movimentações e transações realizadas tanto com numerário físico, como digital.

O atual estado da arte da tecnologia oferece dois caminhos diferentes para a completa integração do dinheiro físico e digital. Um dos caminhos é o estabelecimento da representação digital do dinheiro físico. É uma alternativa de custo extremamente elevado e com diversas dificuldades técnicas. O outro caminho é bem mais barato, simples e transparente.

Nesta alternativa, o dinheiro digital é representado fisicamente no sistema financeiro nacional através da validação pelo BC. Com a assinatura digital e validação digital do Banco Central, o dinheiro digital passa a ter uma representação que pode ser utilizada em todas as transações no território nacional.

Os sistemas computacionais processarão a assinatura e a validação digital do BC presentes nos tokens e criarão registros indeléveis de cada uma das transações realizadas. Neste modelo, a população desbancarizada poderá transacionar no mundo físico e virtual através da sua carteira digital.

Não existem intermediários e nem a cobrança de tarifas e taxas. Para a população bancarizada será possível criar as contas correntes digitais que usam a chave pública do cliente como endereço. Este novo tipo de conta corrente exige que a chave privada do cliente seja instalada (não é copiada) no sistema do banco. Em outras palavras, a conta corrente digital do cliente representa a sua identidade criptografada junto ao banco.

A chave pública do certificado digital é o endereço lógico do proprietário do token, por isto, ela é registrada no sistema computacional do Banco Central que operacionaliza o Meio Circulante Digital. O processo de registro da chave pública ocorre durante a criação da conta digital do cidadão no sistema de numerário digital do BC. A operação é realizada de forma automática e transparente. Após o registro, o cidadão está autorizado para transacionar no sistema.

O registro da chave pública informa ao sistema o endereço lógico do proprietário do certificado digital (pessoa física ou jurídica). É, portanto, de vital importância que o banco de dados do sistema de numerário digital do BC seja protegido permanentemente contra os ataques externos e internos.

A quebra do sigilo do endereço lógico do proprietário dos tokens e o acesso ao histórico das transações realizadas permite que o invasor descubra o valor total movimentado por período de tempo de uma chave pública.

O saque de dinheiro físico e digital das contas correntes pode ser realizado nos mesmos pontos de atendimento existentes atualmente. No caso do numerário digital também é possível sacar dinheiro através dos aplicativos de Internet banking.

O software guarda o dinheiro sacado no aplicativo de carteira digital do cliente. Durante o processamento do saque, o banco interage com o sistema de numerário digital do Banco Central e solicita a transferência da titularidade do valor solicitado para o cliente.

A divisão de numerário digital do BC valida e ratifica a transação e realiza a transferência de propriedade solicitada pelo banco. Após o processo de validação e ratificação, o aplicativo de Internet banking do banco credita o valor solicitado na carteira digital do cliente.

Com a completa integração do numerário físico e digital, a conversão do formato papel-moeda para digital e vice-versa, ocorrerá automaticamente nos pontos de atendimento. O troco de uma transação no varejo realizada com dinheiro físico pode ser entregue em dinheiro digital e vice-versa.

Em outras palavras, o processo de conversão do dinheiro digital para físico ou do físico para digital será realizado automaticamente no varejo, nos bancos etc.

Para as situações onde não é possível a interação direta entre as carteiras digitais do pagador e recebedor com validação da transferência de titularidade no sistema computacional do Banco Central (indisponibilidade de comunicação, por exemplo), é possível gerar um QRCode com o endereço lógico de cada uma das partes onde é registrado de forma indelével o valor solicitado, o endereço lógico do pagador e o endereço lógico do favorecido.

A carteira digital do favorecido importa o QRCode e envia a solicitação de transferência de tokens para o sistema do Banco Central. Quando a comunicação das duas carteiras com o BC for restabelecida, a carteira digital do enviador dos tokens recebe uma mensagem do BC e automaticamente confirma a transação.

O sistema computacional do BACEN faz então a validação final e transfere a titularidade dos tokens. Ele envia a finalização para a carteira digital do favorecido que imediatamente adiciona os tokens recebidos aos valores armazenados.

Como as duas carteiras fazem por caminhos diferentes a solicitação de validação de uma mesma transação para o Banco Central, isto significa que a solicitação que chegar ao sistema de mensagens do BC em segundo lugar será confirmada instantaneamente.

Resumindo. Quando o sistema de comunicação está indisponível, a carteira digital do pagador prepara a transação e envia por comunicação ponto-a-ponto para a carteira digital do recebedor. A operação fica pendente nas duas carteiras até que a comunicação com o sistema computacional do Banco Central seja restabelecida. Com o envio das informações pela carteira digital tanto do pagador, como do recebedor, é realizada a troca de titularidade do dinheiro digital.

Nos caixas eletrônicos, o banco recebe a solicitação de troca de numerário digital por físico. Ele envia a transação para o Banco Central, que faz a validação da troca de titularidade do dinheiro digital e disponibiliza o valor solicitado e validado em dinheiro físico para o cliente. O procedimento é instantâneo.

A troca do meio circulante físico pelo digital tem um fluxo parecido no sentido oposto. É feita a verificação da autenticidade do dinheiro físico entregue (seres humanos ou sensores) e o valor solicitado é transferido para a carteira digital do cliente após a validação da troca de titularidade pelo Banco Central.

As pessoas podem usar o numerário digital armazenado na sua carteira digital para efetuar pagamentos, transferências e depósitos em conta corrente. A transferência de dinheiro digital entre os usuários pode ser realizada em qualquer lugar e horário (podem existir limitações por questões de segurança pessoal).

Os canais de comunicação da carteira digital do enviador do dinheiro transferem os tokens para a carteira digital do favorecido (é sempre uma operação ponto-a-ponto, não é possível por questões de segurança fazer uma transferência para várias pessoas em uma única transação). O aplicativo de carteira digital pessoal do pagador e do favorecido envia solicitação para o sistema do Banco Central para fazer a validação da transferência e a troca de titularidade do dinheiro digital.

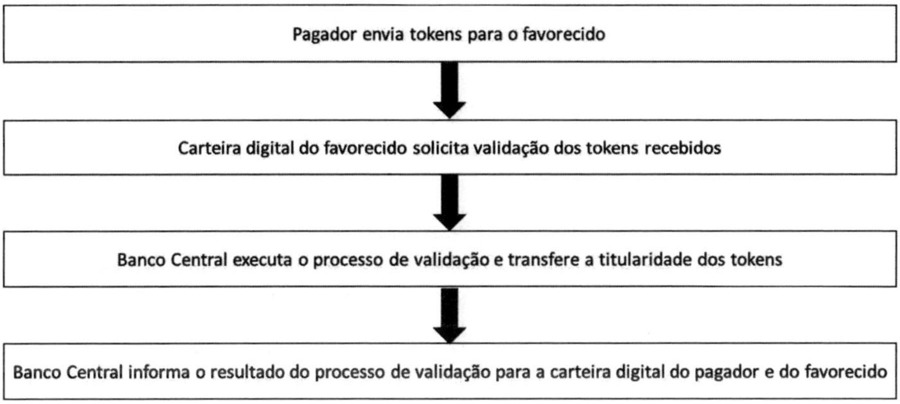

Modelo de validação onde o favorecido solicita a validação

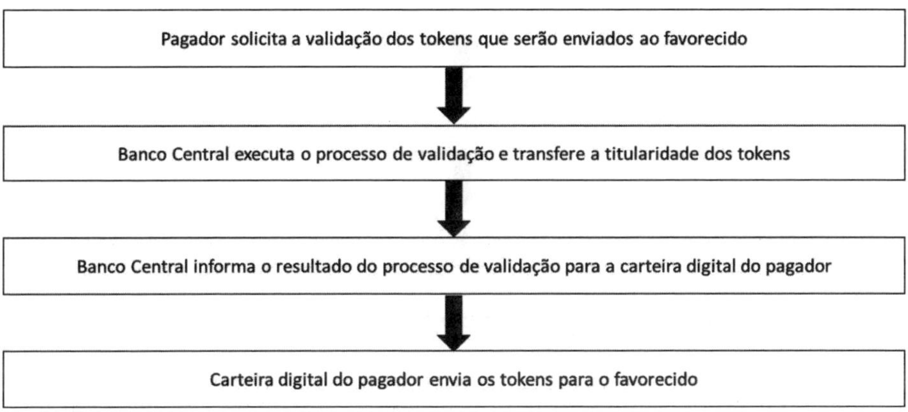

Modelo de validação onde o pagador solicita a validação

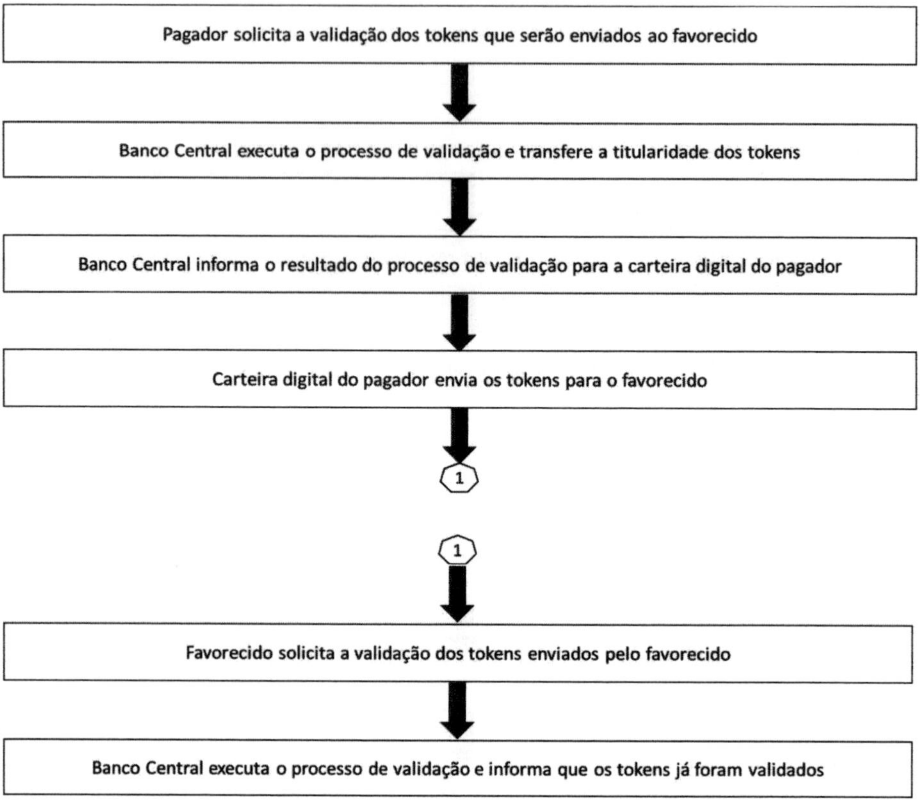

Modelo de validação onde o pagador e o favorecido solicitam a validação

As transferências de valores entre dois usuários do sistema são feitas em formato distribuído ponto-a-ponto. No mínimo, a parte que vai enviar os tokens precisa estar conectada em tempo real com o sistema de validação do BACEN para solicitar a transferência da titularidade dos tokens.

O sistema pode tratar a solicitação como o consumo dos tokens do enviador e a criação de novos tokens validados para o endereço do favorecido. A identidade criptográfica dos validadores do BC deve ser divulgada pelo Banco Central e importada automaticamente pelas aplicações de carteira digital. Ela é armazenada durante a configuração do aplicativo de carteira digital.

O favorecido terá a transação de transferência confirmada e finalizada, quando a sua carteira digital receber a assinatura válida do Banco Central junto com os tokens. Os validadores e seus respectivos endereços são automaticamente atualizados pelas aplicações de carteira digital através de um serviço específico criado para esta finalidade.

Toda vez que ocorrer uma alteração, as mudanças são imediatamente empurradas de forma automática para as aplicações de carteira digital. Os impostos relacionados com as transferências de valores podem ser automaticamente descontados tanto do lado do enviador, como do favorecido.

As transações de pagamento digital são parecidas com as transações de transferências. A grande diferença é que a carteira favorecida é uma carteira comercial. Informações relacionadas ao cliente e a forma de pagamento estão embutidas no boleto digital. As taxas e os impostos são automaticamente recolhidos no ato do pagamento. O favorecido pode oferecer crédito e prazo de pagamento para os clientes.

Os depósitos em conta corrente e poupança podem ser feitos nos locais de atendimento do banco e pela integração do aplicativo de carteira digital com o software de Internet banking. A operação de um depósito para a conta corrente ou poupança do mesmo titular é uma transferência de valores sem a cobrança de impostos da carteira digital do cliente depositante para a sua conta corrente em um determinado banco.

Caso o depósito ocorra na conta corrente ou poupança de outro titular, existe a mesma cobrança automática de impostos (caso eles existam) que existe na transferência de valores entre duas pessoas físicas. Caso o depósito seja relativo ao pagamento de um produto ou serviço para uma pessoa jurídica existe a mesma cobrança automática de taxas e impostos que existe no pagamento de contas.

A operação de depósito em conta corrente ou poupança é feita de forma igual ao que já existe. Ela pode ser feita com a identificação do depositante. No caso dos bancos, continua existindo a possibilidade de fazer depósitos de numerário digital na conta reserva. A transação é validada pela divisão de numerário digital do BC e é enviada para o sistema computacional do BACEN através do subsistema de mensagens do Sistema de Pagamentos Brasileiro.

As transações em dinheiro digital envolvem a transferência de valores entre as duas partes envolvidas. Como os tokens têm valores definidos (igual ao dinheiro físico que circula na economia), pode existir a necessidade de troco para finalizar a transação. Para facilitar a realização das transações que exigem a devolução de troco para o cliente, o sistema computacional de numerário do Banco Center deve permitir o desmembramento de um token.

Neste caso, a carteira digital do enviador ou do favorecido envia para o Banco Central um token que deve ser desmembrado em vários tokens de valor menor. O sistema do numerário digital sinaliza como consumido o token enviado e devolve para a carteira digital, novos tokens de valor menor. O valor do token que será trocado é igual à soma do valor dos diversos novos criados.

Ou seja, o valor total inicial e final da carteira digital é exatamente o mesmo nesta operação de troca. Os novos tokens permitirão que o favorecido entregue o troco da transação para o cliente ou que o cliente pague a quantia exata de tokens para o favorecido.

Na prática, isto significa que as transações são realizadas através do consumo dos tokens de entrada da conta do pagador. A carteira digital do pagador desmembra o valor da transação em função dos tokens existentes e envia para a carteira digital do favorecido.

Tanto a carteira digital do pagador, como do favorecido soma o valor dos tokens de entrada da transação. Caso o valor dos tokens enviados seja maior que o valor da transação, a carteira digital do favorecido envia o troco em tokens de saída para a carteira digital do pagador.

Como existiu troca de titularidade dos tokens na transação, eles recebem denominações diferentes. Os tokens consumidos do pagador são chamados de tokens de entrada e os tokens recebidos pelo favorecido são chamados de tokens de saída. No caso de entrega de troco para o pagador, os tokens consumidos do favorecido são os tokens de entrada e os tokens recebidos pelo pagador são os tokens de saída.

A soma do valor total dos tokens gerados durante o processo de transferência da titularidade é exatamente igual à soma do valor dos tokens consumidos durante o processo de transferência da titularidade, em outras palavras, não existe criação ou destruição do numerário digital durante o seu uso como meio circulante.

É possível definir um limite para a quantidade de tokens de entrada que pode ser usada em uma determinada transação. Também é possível limitar a quantidade de tokens de saída das transações.

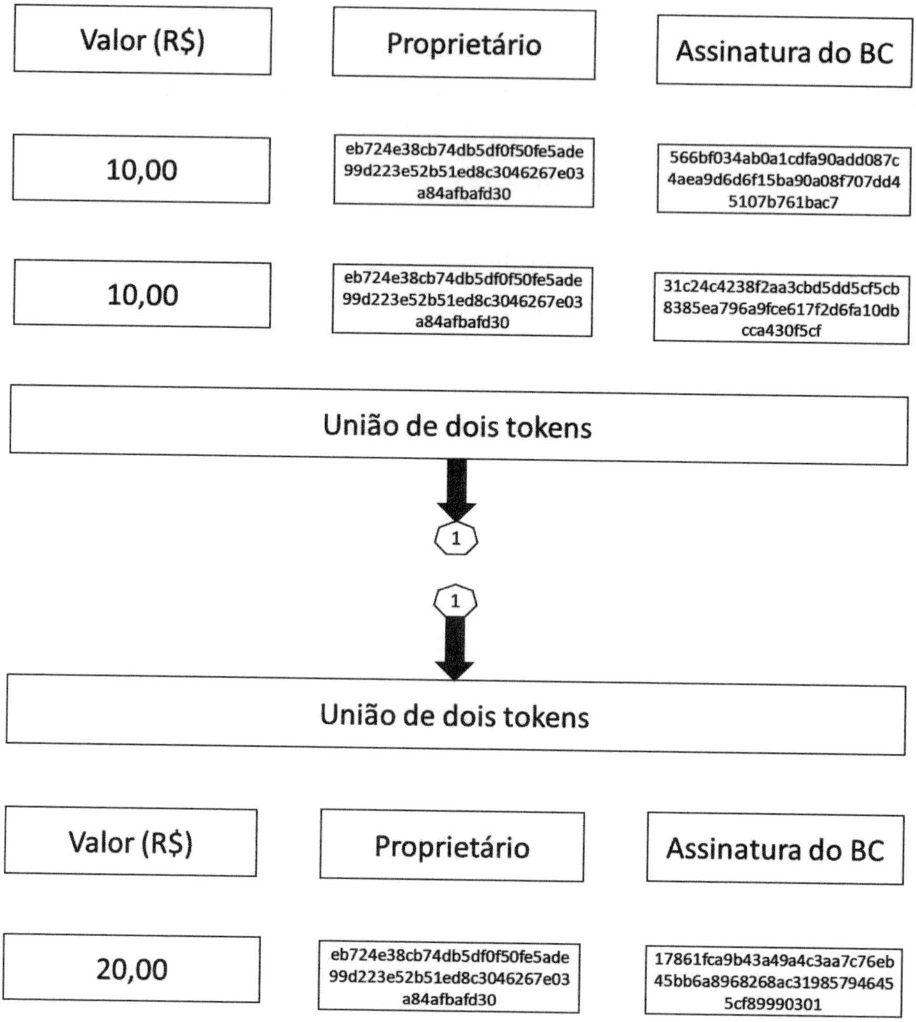

União de tokens

Desmembramento de um token

Todas as transações de união e desmembramento de tokens são assinadas tanto pelo originador, como pelo Banco Central. O processo de validação assegura a autenticidade de cada uma das transações e transfere a titularidade.

O sistema "numerário digital" é responsável pela validação e transferência da titularidade dos tokens. Em resumo, os tokens originais (tokens de entrada) são consumidos (ou seja, não podem ser utilizados novamente) e o favorecido recebe novos tokens que são chamados de tokens de saída.

Se a transação não for aprovada no sistema "numerário digital", ela é rejeitada e é considerada sem efeito. Atuando desta forma, o Banco Central impede a ocorrência de fraudes no sistema. A autenticidade das chaves privadas usadas no processo de validação é automaticamente verificada em todas as fases do processamento.

Durante o processo de validação, o sistema verifica se os tokens de entrada pertencem ao originador da transação, se a soma do valor dos tokens de saída gerados para o favorecido é igual ao valor da soma dos tokens consumidos, se os tokens de entrada já foram utilizados anteriormente, se o valor da transação está dentro do limite determinado pelo BC, se as contas utilizadas pelas carteiras digitais podem ser utilizadas neste tipo de transação, se as contas utilizadas pelas carteiras digitais são válidas, estão ativas e desbloqueadas e se a assinatura digital do originador da transação é válida.

A aplicação de carteira digital do favorecido verifica, antes de armazenar os tokens de saída, se eles estão vinculados com uma das suas contas digitais, se a soma dos tokens é o valor esperado para esta transação e se a assinatura digital do validador da transferência de titularidade dos tokens é uma assinatura digital válida do BACEN.

O Banco Central como único validador do sistema de numerário digital é a arquitetura que gera o maior grau de otimização da distribuição do dinheiro digital no território nacional. Como a responsabilidade pela geração e consumo dos tokens é do BC, o processo de validação da transferência de titularidade dos tokens é uma grande barreira contra fraudes, falsificações e lavagem de dinheiro.

Esta arquitetura é mais segura e confiável porque não existe a necessidade de criar uma transação que permita a troca do validador dos tokens ativos que estão circulando na economia. A troca de validador deve ser prevista na arquitetura onde o BACEN autoriza intermediários (bancos, por exemplo) como validadores das transações.

É preciso trabalhar com a possibilidade onde um validador intermediário aprovado pelo BC desista de operar no sistema. Neste caso, é preciso trocar o validador dos tokens ativos validados pelo banco desistente. O Banco Central tem que executar uma transação especial que troca o validador dos tokens ativos. Não é seguro a existência deste tipo de transação no sistema, pois a mesma pode ser utilizada para fraudes, falsificações e lavagem de dinheiro.

A troca de validador é realizada contra uma conta digital da carteira digital. Os tokens de entrada com o validador desistente são consumidos e são gerados novos tokens de saída com o novo validador. O valor total da entrada é exatamente igual ao valor total da saída. Como a carteira digital pode trabalhar com várias contas digitais simultaneamente, os tokens armazenados podem ser de validadores diferentes. Este mecanismo pode confundir os usuários e gerar diversos problemas.

Na arquitetura de tokens validados por vários validadores é possível explorar qualquer vulnerabilidade que exista na transação especial de troca de validador para fraudar e falsificar o dinheiro digital. É possível realizar grandes operações de lavagem de dinheiro sem que o BACEN perceba.

A arquitetura onde o Banco Central é o único validador do sistema é muito mais eficiente e eficaz. A alternativa com validadores intermediários exige que BC exerça o papel de supervisor e consolidador (ele precisa receber uma cópia de cada uma das transações validadas por cada um dos intermediários. O sistema "numerário digital" tem que processar e consolidar todas as cópias das transações para que BC seja capaz de identificar os tokens ativos e válidos e os tokens que já foram consumidos).

É fácil perceber que na arquitetura com intermediários existe o processamento da validação nos computadores dos intermediários e do Banco Central. Na arquitetura onde o BC é o único validador do sistema, o processamento da validação ocorre apenas nos computadores do BACEN. A arquitetura sem intermediários permite que o Banco Central monitore em tempo real a economia. Como ela demanda por menos recursos e é mais segura, os custos operacionais são muito mais baixos.

Na solução sem intermediários, no processo de validação, não é preciso que o BC supervisione e fiscalize o comportamento dos intermediários. Também não é preciso substituir um intermediário em caso de falhas ou catástrofes no seu sistema computacional. Não é preciso gastar o dinheiro dos impostos para reconstruir a base de dados dos intermediários após a recuperação do seu sistema computacional.

O modelo sem intermediários não exige a remuneração dos serviços prestados pelos validadores. Esta solução é muito mais segura porque o supervisor do sistema não é capaz de recuperar os tokens perdidos de uma conta pessoal digital de um cliente. A perda da chave privada implica em perda dos tokens e da conta digital.

Atualmente, o Banco Central não recupera o dinheiro físico perdido por uma pessoa. A perda da chave privada é equivalente à perda da carteira de dinheiro físico. É muito importante que, apenas o proprietário da chave privada tenha acesso à ela e que ele seja responsável por ela.

Este modelo permite o combate em tempo real aos ilícitos financeiros como a lavagem de dinheiro e financiamento ao terrorismo. Como o BC não tem acesso à identidade do proprietário do dinheiro digital, ela atua apenas no bloqueio da transação. O papel da polícia fica com as autoridades competentes que podem pedir a quebra do sigilo bancário dos envolvidos na transação bloqueada.

Como a transação não é realizada e a privacidade dos envolvidos é preservada, o sistema público de segurança é melhorado. Os malfeitores não conseguirão movimentar o dinheiro obtido ilegalmente e só vão recuperar os tokens que foram bloqueados pelo BC quando provarem na justiça brasileira a sua inocência. O BACEN só pode bloquear tokens e transações. Ele não tem autoridade para desbloquear. Apenas a justiça brasileira tem este poder.

A disponibilidade moeda digital nacional é de 24/7/365 com atuação automática e autônoma do sistema. A validação das transações é realizada de forma autônoma e ininterrupta pelo sistema computacional de Inteligência Artificial do numerário digital do BACEN. O Banco Central executa o papel de emissor de numerário e supervisor do sistema sem impactar o desempenho do Meio Circulante Digital. As movimentações que ocorrem entre os bancos e BC continuam sendo realizadas dentro dos horários especificados no Sistema de Pagamentos Brasileiro (SPB).

Apesar do token do numerário digital não ter um prazo de duração determinado, existe um prazo de validade do mesmo que é definido pela legislação vigente. A substituição completa ou atualização do numerário digital é feita através de procedimentos automáticos.

Como a transferência da titularidade do dinheiro digital é feita no formato ponto-a-ponto com validação do BC, o processo de liquidação é instantâneo, irrevogável e irrefutável. Ele é finalizado no final do ato da validação realizado pelo BACEN. Em outras palavras, após a validação ocorre a transferência de titularidade (os tokens de entrada do originador da transação são consumidos e os tokens de saída que são novos tokens são de propriedade do favorecido).

Caso os tokens não sejam entregues imediatamente para a carteira digital do favorecido, por causa de uma alguma falha no sistema computacional ou de comunicação, ficará registrado no software que existe uma operação não finalizada. Após o restabelecimento do sistema, o software automaticamente enviará os tokens e a carteira digital do favorecido cuidará do processo de armazenamento.

As transações com o numerário digital são realizadas em tempo real, (ou em uma aproximação muito próxima). Isto significa que o subsistema de monitoramento do numerário digital recebe as informações em tempo real do subsistema de validação das transações. A fiscalização contra fraudes, falsificações e lavagem de dinheiro é um processo permanente realizado pela Inteligência Artificial do sistema computacional.

No caso de falhas de comunicação (indisponibilidade de Internet, por exemplo), existe um protocolo de garantia de entrega, onde o resultado do processamento do BC é automaticamente entregue na carteira digital dos envolvidos assim que a falha é sanada.

A quantidade de tokens em circulação na economia deve ser capaz de endereçar simultaneamente as necessidades tanto das operações de varejo, como do mercado interbancário, isto significa que a tarefa de emitir e retirar numerário digital realizada pelo BC deve estimar permanentemente a demanda futura para não travar a economia nacional.

As transações com o dinheiro digital são realizadas por identidades criptográficas anônimas. O grau da privacidade é muito elevado, pois apenas o BC tem acesso ao histórico de transações realizadas. O Banco Central é capaz neste formato de rastrear o caminho seguido pelo numerário digital sem identificar quem é o seu proprietário. Através de uma autorização judicial, o BACEN consegue identificar o dono da conta digital (chave pública) que realizou as transações (sem a autorização judicial é possível ver apenas o número da conta digital).

É importante destacar que em caso de suspeita de ação criminosa, o Banco Central pode "congelar" a conta digital sem a necessidade de autorização judicial e bloquear em tempo real o numerário que está guardado na carteira digital do suspeito. O brasileiro ou estrangeiro que tiver a sua conta digital "congelada" deve acionar a justiça brasileira através de um advogado para apresentar as devidas justificativas. Caso ele seja inocente, a sua conta digital é reativada imediatamente.

Desta forma, a justiça brasileira continua sendo o ponto focal para autorizar as ações de combate à lavagem de dinheiro, financiamento ao terrorismo, fraudes e falsificações. As pessoas que estão no Brasil e exterior podem, desta forma, utilizar o dinheiro digital nacional. Como o BC não consegue identificar o proprietário da conta digital, ele é capaz de limitar o uso do dinheiro digital de forma impessoal.

O autor é radicalmente contra a alternativa do BACEN ter acesso sem autorização judicial à identidade do usuário do dinheiro digital. O meu argumento é muito simples. O BC não tem este nível de informação no sistema atual de numerário físico e é capaz de realizar o seu trabalho. Não existe sentido algum, introduzir em um cenário de forte transformação do brasileiro com o seu dinheiro, o risco de perseguição política ou pessoal.

Por melhores que sejam as regras e validações, este risco não é mitigado na intensidade correta. Não existe nenhuma justificativa lógica que explique tamanha concentração de informação e poder em uma instituição de governo. A privacidade do cidadão só pode ser derrubada em uma democracia com a autorização do judiciário.

Como não existem contas 100% anônimas no sistema, o poder judiciário decide sobre a quebra do sigilo da identidade do proprietário de uma conta digital com base nas evidências apontadas pelo BC (transações provavelmente fraudulentas). É um processo totalmente impessoal. No caso de inocência do suspeito, a publicação da sentença pelo poder judiciário gera automaticamente uma mensagem para o sistema computacional do numerário digital. É enviada uma ordem para que o sistema automaticamente gere, em um horário aleatório, compreendido entre dois limites, a renumeração da conta digital em questão.

Após a renumeração, o sistema gera um comando para a carteira digital do cidadão informando a renumeração e criptografando o histórico anterior. Tanto o histórico, como o registro do log desta operação é criptografado com a chave privada do poder judiciário. Apenas a justiça brasileira poderá acessar os registros históricos deste caso. O Banco Central perde o acesso à conta digital original e desconhece o novo número desta conta.

O cidadão ganha desta forma a sua privacidade. Caso existam transações suspeitas relacionadas com a conta digital renomeada, o sistema de monitoração alertará os operadores do BC, mas eles não terão conhecimento do histórico passado. Para os agentes, é um novo caso cuja decisão de congelar a conta é impessoal.

A utilização de um token de propriedade de um cidadão exige que o usuário apresente a chave privada (declaração que ele é o proprietário do valor descrito). O consumo de um token exige a presença simultânea, tanto do token, como da chave privada do seu proprietário.

A utilização do numerário digital furtado é bem mais difícil do que o uso do dinheiro físico furtado. Como os tokens são rastreáveis, é possível localizar um token furtado ou roubado com grande facilidade. O próprio usuário pode programar a sua conta digital para automaticamente recuperar tokens que foram furtados, roubados ou perdidos. Existe neste cenário um grande incentivo para evitar a ocorrência de delitos com o dinheiro digital

O BC pode definir no sistema vários tipos de conta e transações. É possível limitar os valores dos saques, depósitos e transferências por horário e tipo de conta. O BACEN pode, por exemplo, definir um limite para a quantidade de saques, depósitos e transferências diários ou pode estabelecer o valor máximo das transações semanais ou pode criar tetos máximos por tipo de conta.

O autor não recomenda a introdução de limites nas contas digitais pelo Banco Central. No entanto, considera válido e apropriado que o usuário possa definir limites para as suas transações. A arquitetura de validador único favorece o usuário que quer estabelecer limites para a sua conta digital.

Neste formato, é impossível a ocorrência de transações simultâneas e com isto os limites são rigidamente obedecidos. Na arquitetura de vários validadores que podem validar as transações sem sincronia global, é possível realizar transações simultâneas na mesma carteira digital.

Um malfeitor digital pode explorar esta característica da arquitetura e realizar transações diferentes com o mesmo dinheiro. Basta ele iniciar diversas transações usando vários validadores diferentes. O atacante explora os atrasos sistêmicos para gastar o mesmo dinheiro em operações diferentes.

Como um validador não sabe o que os outros validadores estão fazendo e apenas o Banco Central tem o controle global das transferências de numerário digital, é possível explorar esta vulnerabilidade da arquitetura para multiplicar o dinheiro da carteira digital.

Outra desvantagem da arquitetura de múltiplos validadores é que os limites definidos pelo usuário para a sua conta digital podem ser excedidos. Novamente, basta que ocorram transações simultâneas usando validadores diferentes para que um limite do valor do saldo não seja cumprido.

A ocorrência de uma transferência de crédito ocorrendo simultaneamente com uma transferência de débito pode impedir que a conta digital cumpra o limite de saldo estabelecido pelo usuário.

A Conta Digital dos Bancos funciona da mesma forma que o saldo de moeda física disponível nos bancos. A conta calcula automaticamente o valor do depósito compulsório junto ao BC. Esta conta é usada para o banco atender as operações de saque e depósito dos seus clientes.

O BC recebe e envia dinheiro digital dos bancos apenas através deste tipo de conta. Como é impossível realizar operações de transferência e pagamentos neste tipo de conta, o banco deve criar uma Conta Digital Pessoa Jurídica (CDPJ) para realizar transferências e pagamentos.

A Conta Digital Ponto de Venda (CDPV) funciona da mesma forma que o dinheiro físico armazenado nas caixas registradoras do varejo. Ela permite a devolução de troco digital para o cliente, quando este realiza o pagamento em numerário físico nos pontos de venda.

Conta Digital Pessoa Física ou Jurídica (CDPF ou CDPJ) funciona da mesma forma que o numerário físico na carteira de uma pessoa ou firma. Ela é usada para permitir que o dinheiro digital seja trabalhado como reserva de valor e meio de pagamento. Este tipo de conta digital permite a realização de saques, depósitos, transferências e pagamentos.

Todos estes tipos de contas podem ter o seu sigilo quebrado por ordem judicial. É possível rastrear a movimentação do dinheiro digital. O poder judiciário pode também solicitar o bloqueio total ou parcial do numerário digital armazenado na conta digital e impedir que ele seja utilizado como meio de pagamento.

É também possível criar agentes digitais autônomos que investigam as contas digitais dos suspeitos e capturam e enviam todas as informações dos envolvidos permitindo assim a localização dos malfeitores.

Em caso de perda, falha etc. do dispositivo que executa a aplicação da carteira digital do usuário, é possível recuperar a conta digital e os tokens armazenados nela usando a chave privada do usuário. Não é preciso contratar um serviço especializado para este tipo de recuperação.

Basta que o usuário instale no novo dispositivo a sua chave privada que o aplicativo de carteira digital vai recuperar automaticamente a sua conta digital e respectivos tokens (caso exista mais de uma conta digital, todas são recuperadas).

Como a arquitetura do sistema de numerário digital do BC é de uma nuvem, a chave privada do usuário é a chave para recuperar as suas contas e respectivos tokens. Caso o usuário perca a sua chave privada ele está perdendo, na realidade, a sua carteira digital com tokens. Neste caso, a recuperação é impossível. A nuvem computacional do BACEN permite a redução dos custos de investimento e manutenção do sistema financeiro nacional.

Ela habilita o monitoramento em tempo real do numerário digital. A arquitetura da infraestrutura do sistema de pagamentos apresenta por característica de construção um elevado nível de efetividade e resiliência. A centralização da validação permite a rastreabilidade plena e oferece maior efetividade nas ações de combate às fraudes.

A arquitetura com um único validador permite que os sistemas de pagamentos trabalhem de forma descentralizada e sincronizada. O processo de inclusão digital dos brasileiros é acelerado e barateado pela introdução do dinheiro digital.

O uso de tecnologias consolidadas na infraestrutura da nuvem permite que dinheiro eletrônico gere a eliminação dos intermediários que não agregam valor do sistema bancário. Como a demanda dos serviços do Banco Central não é aumentada, isto significa que os papéis fundamentais dos atores do sistema não são alterados significativamente.

O dinheiro digital é baseado em tokens. O favorecido é capaz de verificar a validade do token usado no pagamento. Como apenas o BC emite dinheiro assinado com a sua chave privada e a validação da transferência de titularidade é centralizada, isto significa que é muito difícil falsificar um numerário digital com tal característica.

É muito mais fácil falsificar dinheiro físico do que falsificar um token emitido com a chave privada do Banco Central. É preciso um enorme esforço computacional para quebra a criptografia utilizada. No entanto, o falsificador vai precisar fazer muito mais do que roubar a chave privada e quebrar a senha da assinatura digital.

No mundo digital, a carteira eletrônica vai verificar a validade do token usando a chave pública que o BC registrou no sistema de numerário digital. O malfeitor terá, portanto, que invadir o código fonte e alterar a chave registrada no sistema. É preciso um grande esforço intelectual e social para obter sucesso nestes dois passos da falsificação de um token.

Uma forma mais simples de fraudar o sistema é usar token genuíno e tentar fazer um Gasto Duplo. O protocolo de comunicação da carteira digital do favorecido automaticamente verifica se o token que está sendo consumido não foi gasto em uma transação anterior e que ele não está envolvido em outra transação pendente.

A melhor forma para evitar o problema do Gasto Duplo dos tokens digitais é a centralização da validação da transferência de titularidade em uma única instância de elevada credibilidade. No nosso caso é o Banco Central. A validação de cada movimentação garante ao favorecido que ele receberá o valor apresentado na sua carteira digital. Em outras palavras, é impossível que ele receba uma cópia de um token sem validade alguma.

O sistema de validação operado pelo BC não é a única solução contra o problema do Gasto Duplo do mesmo dinheiro. É possível, por exemplo, implantar um sistema de cartões inteligentes recarregáveis. O grande problema desta alternativa é que o valor de investimento para uma implantação em âmbito nacional é extremamente elevado. É muito mais barato investir na centralização da validação no BC.

O elevado custo do sistema de cartões inteligentes recarregáveis é consequência da sua necessidade de um hardware específico. Como é possível quebrar a segurança física do cartão inteligente pela exploração de uma falha de segurança no hardware, então o custo de manutenção do sistema é gigantesco. A solução pode demandar a troca de todos os equipamentos instalados.

No sistema de cartões inteligentes onde o saldo médio do valor armazenado é elevado, existe um grande incentivo para quebrar a segurança física dos cartões. Existe a possibilidade de criar um sistema híbrido.

Usar os cartões inteligentes para transações com valores baixos e usar a carteira digital com validação pelo Banco Central para as transações acima de um determinado limite. É importante avaliar a estrutura de custos de cada uma das alternativas e encontrar o melhor retorno de investimento.

O Banco Central é o supervisor do sistema de numerário digital. Na dimensão da segurança, isto significa que a infraestrutura de rede e segurança do sistema será observada e vigiada pelos malfeitores. O nível de atratividade dos ataques cibernéticos contra a nuvem do BC é gigantesco neste novo contexto.

O Banco Central do Brasil tem, claramente, uma grande capacidade em termos de segurança dos seus sistemas digitais. No entanto, não existem, no atual momento, fatores motivadores para que BACEN seja alvo de tentativas constantes de invasão cibernética. O dinheiro digital, muda radicalmente este cenário. Milhares de malfeitores (e alguns estudiosos de segurança) irão pesquisar, vigiar, monitorar e rastrear o sistema de numerário digital, com o objetivo de encontrar alguma falha.

É importante destacar que uma invasão cibernética bem-sucedida é capaz de roubar bilhões de tokens que estão armazenados nos cofres digitais do BACEN. No entanto, os malfeitores não conseguirão usar os tokens roubados como meio de pagamento, pois eles não têm acesso à chave privada do BC.

Os atacantes poderão congestionar o sistema de validação do BC usando os tokens roubados em diversas transações simultâneas e exigir um resgate para parar com o ataque. Os usuários poderão ficar impedidos de realizar transações, pois o sistema de validação está ocupado invalidando o uso dos tokens roubados. Este é um caso típico onde o sistema fica indisponível (lentidão extrema) por causa do elevado número de requisições.

Um ataque de negação de serviço (Denial of Service, DoS) ou um ataque distribuído de negação de serviço (Distributed Denial of Service, DDoS) pode impactar a disponibilidade do sistema de numerário digital do Banco Central pela forte elevação do tempo de resposta.

As soluções técnicas utilizadas atualmente no sistema financeiro estão sendo capazes de manter em bom nível operacional os serviços de Internet Banking durante os ataques cibernéticos. O Banco Central deve estudar a adoção destas medidas para mitigar estes tipos de ataque.

Para manter o sistema funcionando corretamente é preciso trabalhar com as versões dos softwares mais seguras. O BC precisa criar a cultura organizacional de atualizar todos os componentes do numerário digital para a versão mais segura. As tecnologias utilizadas precisam ter o mesmo foco de proatividade em termos de segurança.

É importante destacar neste momento que existem situações onde tecnologias antigas são vulneráveis mesmo quando atualizadas para a última versão disponível.

As empresas de tecnologia como Google, Apple, Samsung, Facebook etc. estão realizando vultosos investimentos nos sistemas de pagamentos digitais em tempo real. A quantidade de transações usando o Unified Payment Interface (UNI) já passou da casa dos 500 milhões por mês em novembro de 2018 (Under the Unified Payments Interface, 524.94 million transactions were carried out during the month, a 9% increase from October. Fonte: UPI transactions cross 500 million in November, https://www.livemint.com/Industry/fND0eXTNidyeu5F9wHr4oO/UPI-transactions-cross-500-million-in-November.html, acessado em 09/01/2019).

Todo este enorme esforço está movimentando diversos atores privados, brasileiros e estrangeiros na direção do desenvolvimento dos sistemas de pagamentos digitais. Como estes aplicativos são parecidos com o sistema de numerário digital, fica claro que existe atualmente uma forte demanda e desejo da população por soluções que digitalizem os meios de pagamento.

É possível entender que estas empresas estão preparando o terreno para a entrada de uma solução pública. O uso da nuvem como solução de infraestrutura para a adoção do dinheiro fiduciário digital via tokens transacionais elimina a atual necessidade dos sistemas de pagamentos digitais patrocinados pelas empresas de tecnologia de exigir intermediários para assegurar a confiabilidade e credibilidade.

O sistema de numerário digital resolve o problema da concentração dos meios de pagamento nas mãos de algumas poucas instituições privadas. Deixa de existir neste modelo as taxas de operação pagas para os intermediários acreditadores do sistema. O monitoramento em tempo real dos pagamentos digitais permite a eliminação da sonegação fiscal no atacado e varejo e coloca a economia informal em rota de colapso.

O vultoso investimento realizado pelas empresas de tecnologia nos sistemas de pagamentos digitais prova que a demanda para a digitalização do dinheiro não é baixa. A quebra de recorde em cima de recorde para a quantidade de transações usando o Unified Payment Interface vem eliminando todos os problemas relacionados com a dificuldade de uso de um meio de pagamento digital.

Em pouco tempo, a maior parte da população brasileira terá experimentado sem a necessidade de investimento público em algum tipo de pagamento digital. O uso fará com que as pessoas aprendam a usar as novas tecnologias de pagamento. Quando o dinheiro digital entrar em circulação, será necessário treinar apenas uma pequena parte da população.

Como os telefones inteligentes estão entrando maciçamente no Brasil, o nível de dificuldade no manuseio dos aparelhos vem deixando de ser uma barreira contra a adoção de uma solução de numerário digital. Para as pessoas que por um motivo ou outro estão excluídas do processo de digitalização da sociedade, será preciso divulgar com intensidade o que é e como funciona o numerário digital. Para incluir as crianças no processo, é preciso incluir o dinheiro digital no dia a dia do sistema educacional.

Para assegurar o maior nível possível de penetração da cultura do dinheiro digital no Brasil é preciso trabalhar permanentemente a usabilidade das aplicações e a interface do usuário. Para incentivar o desenvolvimento de tecnologia no Brasil, é importante criar competições abertas para todos os interessados para encontrar as vulnerabilidades no sistema e para desenvolver soluções de carteira digital que sejam seguras e intuitivas.

O confisco de dinheiro do plano Collor de 1990 ainda gera efeitos negativos na economia brasileira. Muitas pessoas trabalham apenas com dinheiro físico porque não têm confiança no governo brasileiro e no sistema financeiro nacional. É muito provável que estas pessoas tenham forte desconfiança em relação à atuação do Banco Central como validador e não queiram usar o dinheiro digital nas suas transações.

A população que sofreu ação de confisco do plano econômico de 1990 e até hoje não recuperou os recursos subtraídos tem capacidade para entender que o sistema de numerário digital permite o bloqueio dos valores sem o consentimento do cidadão.

Mesmo com as garantias de privacidade e anonimato (não é total), a alternativa de dinheiro físico ou criptomoedas é mais atrativa, pois inexiste a possibilidade de bloqueio dos valores.

O dinheiro digital oferece claramente novas oportunidades e riscos para a política monetária brasileira, por causa disto, é preciso adaptar a legislação para um novo arcabouço legal. Todos os impactos destas mudanças devem ser avaliados em termos dos ganhos na eficiência financeira do país. É possível desenvolver políticas que favoreçam o crescimento do Produto Interno Bruto (PIB) brasileiro.

O dinheiro digital entrará no Brasil concorrendo contra vários bem-sucedidos meios digitais de pagamentos. Este aspecto pode parecer um problema em uma primeira leitura, mas ele é na realidade um grande alavancador do sucesso da moeda digital soberana.

O dinheiro digital chegará ao Brasil, em uma situação onde muitas das limitações da infraestrutura do sistema de telecomunicações terão sido superadas por causa dos investimentos realizados pelas empresas de tecnologia no crescimento dos pagamentos digitais.

Apesar de existir alguma nuvem de concorrência e disputa de mercado, também existe um grande palco para promover um esforço cooperado público privado para superar todas as restrições da rede nacional de telecomunicações. Os avanços dos sistemas privados de pagamento digital contribuem para a promoção do uso do dinheiro digital e disseminação deste conhecimento.

Existem diversos caminhos para a implantação da moeda digital soberana. Alguns são mais efetivos do que outros, no entanto, todos levam ao novo desafio onde a digitalização do numerário aumenta a probabilidade de o Sistema Financeiro Nacional receber ataques cibernéticos continuamente. Será preciso desenvolver um novo nível de capacitação intelectual para que os membros da cadeia sejam capazes de combater os crimes digitais.

É preciso também deixar muito claro que a perda ou cópia (com respectiva senha) de uma chave privada implica em perda do dinheiro. Não é diferente do que já acontece com o dinheiro físico. No caso do universo físico, a cópia com senha da chave privada é o equivalente ao roubo da carteira de dinheiro.

Para evitar a criação de contas falsas ou de laranjas é preciso melhorar os cartórios brasileiros. Se toda conta estiver vinculada a uma chave privada e toda chave privada for corretamente registrada em cartório e a receita federal criar sistema de monitoramento adequado, então as contas falsas ou de laranjas deixarão de existir.

O dinheiro digital vai disputar o mercado contra as moedas indexadas, como por exemplo, os títulos do tesouro nacional e outros ativos baseados em renda fixa pré e pós-fixada. É fácil perceber que o sistema financeiro nacional será impactado em tempo quase real caso ocorra um certo nível de instabilidade na política fiscal e monetária.

O dinheiro digital gera o efeito "manada" de alta velocidade e pode criar uma corrida contra o sistema financeiro. Como o acesso ao dinheiro digital deve ser facilitado para permitir a inclusão financeira digital, o BC deve trabalhar com muita atenção ao binômio causa e efeito das suas políticas.

O Meio Circulante Digital muda de forma radical o formato do funcionamento do sistema financeiro nacional. Existem no universo digital, novos papéis e atores que executam processos diferentes. O Banco Central tem, neste novo contexto, novos instrumentos para gerenciar a política econômica e monetária e trabalhar a estabilidade da macroeconomia.

A desintermediação bancária e os novos papéis executados pelo Banco Central do Brasil aumentam a efetividade da economia brasileira em larga escala. É criado, com a inovação da moeda digital soberana, um novo potencial para o crescimento do PIB. O Sistema Financeiro Nacional ganha muita força com a inclusão dos excluídos pelos bancos.

Nesta arquitetura é fundamental que as pessoas guardem as suas chaves privadas em um local seguro. O software de carteira digital deve instalar a chave privada no aplicativo. Ao instalar com segurança a chave privada, a aplicação de carteira digital evita que a mesma seja meramente copiada no celular ou computador.

Caso o aparelho celular ou computador seja roubado ou perdido é muito fácil para o usuário impedir o uso dos tokens armazenados na carteira digital. Com a sua chave privada e respectiva senha, ele bloqueia os tokens armazenados na carteira digital e conta digital e pode instalar em outro dispositivo à sua chave privada.

Os valores armazenados podem ser então transferidos para a carteira digital do novo dispositivo e os tokens podem ser desbloqueados. É uma operação segura que permite o uso da criptografia com senha local para assegurar que apenas o real dono da chave privada gaste os tokens armazenados.

O usuário é o responsável pela manutenção de cópias de segurança da sua chave privada em diversos dispositivos externos, pois apenas ele tem acesso à ela. Deve ser evitado pelo cidadão, o armazenamento da chave privada em uma nuvem pública. Caso realmente seja necessário guardar a chave em uma nuvem publica, a mesma deve ser protegida com tripla ou dupla autenticação forte.

Para bloquear temporariamente a sua conta digital, o usuário vai entrar no sistema de numerário digital do Banco Central informando em qual dispositivo a sua chave privada está instalada. Como o aplicativo do BACEN "conhece" a chave pública do cidadão, então os softwares sincronizam as informações e a conta digital é bloqueada após as devidas validações. A transferência do acesso à conta digital pela carteira digital é feita de forma similar. Não existem intermediários físicos nestes dois processos.

Para desbloquear a sua conta digital, o cidadão vai informar ao sistema de numerário digital do BC em qual dispositivo a chave privada está instalada. Como o software do BC "conhece" a chave pública da conta digital do cidadão, as aplicações entram em ciclo de sincronismo das informações e a conta será desbloqueada após todas as validações. Não é preciso solicitar o desbloqueio pessoalmente.

Para cancelar a sua conta digital (ativa ou bloqueada), o usuário deve acessar o sistema de numerário digital do BACEN e informar em qual dispositivo a sua chave privada está instalada. Como o software do BC "conhece" a chave pública da conta digital do cidadão, as aplicações entram em ciclo de sincronismo das informações e a conta será cancelada após todas as validações. Os tokens armazenados na conta digital que foi cancelada serão transferidos para a nova conta digital criada usando a chave privada do usuário.

É importante destacar que, caso os tokens de um cidadão sejam copiados por um malfeitor que invadiu o seu computador ou celular (ou durante o processo de manutenção por uma assistência técnica), o cidadão continua sendo o legítimo proprietário do dinheiro digital, pois apenas o detentor da chave privada e respectiva senha será capaz de usar os tokens.

Quando o usuário usar os tokens que foram copiados, eles serão consumidos e as cópias não terão serventia alguma. Caso o atacante consiga copiar também a chave privada do cidadão é preciso que ele tenha acesso a sua respectiva senha.

A chave privada só será instalada em uma nova carteira digital após a digitação correta da senha. Em outras palavras, para que o malfeitor consiga usar os tokens copiados, ele precisa ter uma cópia da chave privada e conhecer senha. Na terceira tentativa errada, o sistema da carteira digital "queima" e inutiliza a chave privada.

Como a chave privada é o principal elemento de segurança do usuário, é importante que o cidadão use uma senha extraforte de tripla ou dupla autenticação. Ele nunca deve guardar uma cópia da chave privada no mesmo dispositivo onde a carteira digital está instalada.

A chave deve ser guardada em um dispositivo (no mínimo três dispositivos diferentes) sem conexão com a Internet e outras redes remotas e deve ser armazenado em local seguro. Os diferentes dispositivos devem ser guardados em locais diferentes.

Não é possível perder os tokens, pois eles estão fisicamente armazenados no sistema de numerário digital do BC. Caso a carteira digital seja perdida, o usuário instala a sua chave privada em um novo dispositivo e inicia o processo de sincronização das informações. No final do procedimento, os tokens da sua conta digital estarão visíveis na sua carteira digital.

Caso o cidadão perca a sua chave privada, isto pode significar a perda de todos os tokens armazenados na conta digital. O sistema de numerário digital do BACEN usa a chave pública para encontrar o dispositivo onde a chave privada foi instalada. Se a chave privada e o dispositivo estão perdidos, então é impossível encontrar a carteira digital do usuário. Neste caso, o dinheiro é perdido.

Caso apenas a chave privada tenha sido perdida, o usuário pode usar os tokens guardados na sua carteira digital. No entanto, é importante que ele solicite uma nova chave privada junto aos cartórios homologados pelo BC. Sem a nova chave privada é impossível transferir os tokens da velha conta digital (chave privada perdida) para a nova.

O usuário pode gastar os tokens da sua carteira digital antiga. Neste caso, ele torce para que o dispositivo não falhe ou não seja roubado ou não seja perdido. É sempre relevante destacar que o usuário é o único responsável pela sua chave privada. Ele deve manter cópias da mesma em locais seguros.

No caso do furto do celular ou computador do cidadão, o malfeitor que subtraiu o equipamento terá que desbloquear a aplicação de carteira digital para ter acesso aos tokens válidos. Para usar os tokens, ele vai precisar conhecer a senha da chave privada do cidadão que foi instalada. O cidadão pode evitar as perdas entrando no sistema de numerário digital com a sua chave privada e solicitando o bloqueio em tempo real da sua conta.

Já existem aplicativos de segurança que apagam remotamente todas as informações armazenadas nos celulares e computadores. Se o usuário usar uma das soluções de segurança, ele não precisará bloquear a sua conta digital. Apenas realiza a destruição remota de todas as informações armazenadas no equipamento furtado ou roubado.

Caso o meliante que furtou ou roubou a carteira digital conheça a senha da chave privada, ele poderá usar o dinheiro digital até o momento em que o cidadão peça o bloqueio da conta digital. Infelizmente, o numerário digital é incapaz de resolver o problema de o cidadão sofrer um sequestro relâmpago.

O máximo que o usuário pode fazer é instaurar um inquérito criminal e conseguir uma autorização de quebra de sigilo e bloqueio da conta digital para onde o dinheiro subtraído foi transferido. Como é possível rastrear o caminho percorrido pelo dinheiro digital da vítima até a conta digital destino, então é possível identificar o valor exato que foi subtraído e quem são os envolvidos. O dinheiro digital é mais seguro que o dinheiro físico. No entanto, ele não oferece segurança total. A segurança do dinheiro físico é baseada apenas na manutenção da sua posse. O dinheiro físico perdido ou roubado não é rastreável e por causa disto raramente ele é recuperado. No caso do dinheiro digital, a pessoa que encontrou a carteira digital ou que roubou precisa conhecer a senha da chave privada do real proprietário para poder usar os tokens.

Ou seja, a segurança é mais do que a manutenção da posse. Como o cidadão pode bloquear a sua conta digital em tempo real usando a sua chave privada, é pouco provável que o malfeitor consiga transferir para a sua carteira digital algum valor ou consiga comprar algum produto, antes do bloqueio da conta.

Como todas as transações são rastreadas, se o meliante usou o dinheiro para comprar algum produto é possível bloquear a entrega do mesmo até que o caso seja devidamente esclarecido pelas autoridades competentes.

A investigação policial deste tipo de caso é baseada tanto no rastreamento do caminho percorrido pelo dinheiro digital, como na quebra do sigilo da conta digital. Os sistemas operacionais dos celulares modernos permitem proteger o acesso aos aplicativos usando a biometria (impressão digital ou íris, ou reconhecimento facial). É uma camada extra de segurança que impede o uso dos tokens armazenados na carteira digital sem a autorização expressa do usuário.

Os requisitos mínimos de o celular suportar o aplicativo de carteira digital e transacionar o dinheiro digital são bastante baixos. Qualquer celular que suporta um aplicativo como o Instagram é capaz de suportar o aplicativo de carteira digital. O código-fonte do módulo básico do aplicativo de carteira digital deve ser desenvolvido e distribuído pelo Banco Central.

O mercado pode desenvolver novas funcionalidades e facilidades que rodam em uma camada diferente do módulo básico. Neste caso, a aplicação é distribuída pelo seu fabricante. No entanto, o sistema de numerário digital do BC checa, em tempo real, se o módulo básico é exatamente igual ao que foi desenvolvido pelo BACEN.

No passado do Brasil foram criados processos onde o setor público homologava o desenvolvimento do setor privado. Este modelo fracassou retumbantemente. Em outras palavras, é importante destacar este ponto para que o "canto de sereia" do milagre estatal não seja entoado novamente. O Banco Central é capaz de garantir a segurança dos usuários do Meio Circulante Digital, verificando em tempo real a integridade do módulo básico da carteira digital.

É possível iniciar, mas não finalizar uma transação entre o pagador e o favorecido sem uma conexão com a Internet. Neste caso, as duas partes usam os recursos de Bluetooth ou Wi-Fi para estabelecer a comunicação ponto-a-ponto entre as duas carteiras digitais. Como apenas o Banco Central tem autoridade para fazer a validação da transação e a transferência da titularidade dos tokens, a operação ficará pendente nas duas carteiras digitais até que a conexão com a Internet seja restabelecida.

Quando a conexão com a Internet da carteira digital do pagador estiver disponível é enviado para o Banco Central a solicitação de validação da transação. Se não existir um problema do tipo Duplo Gasto, a transação é executada usando os processos de validação do BACEN que no final vai realizar a transferência de titularidade dos tokens.

A carteira digital do pagador não permite duas operações pendentes usando os mesmos tokens. Quando a conexão de Internet do favorecido estiver disponível, a sua carteira digital vai receber automaticamente os tokens enviados pelo pagador.

Como um token tem 72 bytes e uma transação pode consumir entre 1 e 255 tokens, então uma transação de transferência simples entre duas carteiras digitais de pessoas físicas pode trafegar entre 211 e 8.737 bytes (token mais protocolo de segurança). É fácil perceber que é possível ter um sistema bastante efetivo consumindo uma pequena banda de comunicação.

No caso exemplificado anteriormente são trafegados na Internet os seguintes pacotes. São enviados entre 171 e 8.697 bytes entre o pagador e o validador. O validador envia para o pagador, em caso de sucesso da transação, 48 bytes e, em caso de erro, 8 bytes. O pagador envia para o favorecido entre 211 e 8.737 bytes.

Como em cada transação existe o consumo dos tokens de entrada e a criação de novos tokens de saída, isto significa que os tokens são consumidos e criados dentro da própria transação. Apenas as carteiras digitais envolvidas, a instituição validadora e o supervisor do sistema de numerário digital têm acesso aos dados da transação. As transações são armazenadas nas carteiras digitais dos proprietários dos tokens e sistema de numerário digital do BC.

A moeda digital pode ser utilizada nas operações de câmbio. Para tal, a corretora de câmbio abre uma conta digital para esta finalidade. Com esta conta, a corretora pode receber e entregar Reais em formato digital. Os estrangeiros também podem abrir contas digitais.

Eles vão usar os serviços de uma corretora de câmbio para converter a sua moeda em Reais. A corretora vai transferir os Reais convertidos para a conta digital do estrangeiro. As taxas da corretora serão cobradas durante o processo de conversão da moeda estrangeira para Reais e as taxas e impostos da operação cambial serão cobrados durante o processo de validação da transferência de titularidade dos tokens.

O objetivo da moeda digital soberana é o de substituir gradualmente a utilização do dinheiro físico. A coexistência entre o numerário digital e o físico provavelmente durará aproximadamente por uma década. Apenas, no longo prazo, o Banco Central do Brasil poderá considerar a descontinuação da oferta de dinheiro físico. O grau de maturidade deve ser suficiente para que o BACEN possa tomar a decisão de descontinuar a oferta de dinheiro físico sem causar prejuízos para as várias comunidades nacionais.

O dinheiro digital em circulação no mercado está armazenado nas carteiras digitais instaladas em celulares, computadores e outros dispositivos. O numerário digital tem a sua versão (ou família) definida no cabeçalho dos tokens que estão circulando.

O cabeçalho contém as informações que serão utilizadas durante a atualização automática do numerário digital. O processo de atualização da versão ocorre de forma transparente durante as operações transacionais.

Caso o dinheiro digital tenha sido armazenado em uma mídia que não está conectada com a Internet (por exemplo, em disco Blu-ray), ela será atualizada automaticamente assim que for armazenada em uma carteira digital conectada na Internet. Somente após a finalização do processo de atualização é que ela poderá ser consumida em transações.

Em geral, as pessoas usam o armazenamento do dinheiro digital em uma mídia não volátil com a finalidade de ter uma reserva de valor. Não será preciso trocar o dinheiro digital de versão antiga pela versão atualizada em uma agência bancária. O sistema é capaz de reconhecer a versão antiga e de definir os procedimentos de atualização de forma autônoma e automática.

O dinheiro digital é único, ou seja, ele deve suportar todas as transações físicas e digitais que existem no atacado e no varejo. As transações entre os bancos são realizadas em dinheiro digital no sistema de Liquidação Bruta em Tempo Real (LBTR). Os tipos de transação e contas permitem o controle do funcionamento do numerário digital.

Os tipos de transações devem incluir o saque contra a reserva bancária, o saque contra a conta corrente, as transferências, a transferência interbancária, o pagamento à vista, o pagamento de boleto, o depósito em conta corrente e o depósito em reserva. Os tipos de contas devem incluir a conta de custódia, a conta bancária, a conta comercial e a conta pessoal.

Países de todos os portes e estágios de desenvolvimento estão estudando a viabilidade ou testando a introdução de uma moeda digital soberana na sua economia. O grupo do numerário digital é formado por mais de cinquenta nações. Estados Unidos, China, União Europeia, Índia, Canadá, Coreia do Sul, Reino Unido, Austrália etc. são exemplos de países que estão avaliando a desmaterialização da sua moeda soberana.

Bibliografia

Bordon, M D and A T Levin (2017), 'Central Bank Digital Currency and the Future of Monetary Policy', NBER Working Papers, No. 23711

Engler, W and B S Fung (2017), 'Central Bank Digital Currency: Motivations and Implications', Bank of Canada Staff Discussion Papers, No. 2017-16

https://www.bcb.gov.br/htms/public/inovtec/O-Meio-Circulante-na-Era-Digital.pdf?4, O Meio Circulante na Era Digital, acessado em 09/01/2019

https://www.casadamoeda.gov.br/arquivos/lai/demonstracoes-financeiras/demonstracao-resultado-exercicio/demonstracao-resultado-exercicio-2017.pdf, Demonstração do Resultado do Exercício, acessado em 09/01/2019

https://www.bankofcanada.ca/wp-content/uploads/2016/11/sdp2016-22.pdf, Central Bank Digital Currencies: A Framework for Assessing Why and How, acessado em 09/01/2019

https://www.bankofengland.co.uk/-/media/boe/files/working-paper/2018/central-bank-digital-currencies-design-principles-and-balance-sheet-implications.pdf?la=en&hash=11469281B32821BCFD85B4A5483AB3577E38B2DD, Central bank digital currencies (CBDC) — design principles and balance sheet implications, acessado em 09/01/2019

https://www.reuters.com/article/swiss-efranc/switzerland-seeks-study-of-state-backed-e-franc-cryptocurrency-idUSL5N1SO3BU, Switzerland seeks study of state-backed "e-franc" cryptocurrency, acessado em 09/01/2019

https://criptoeconomia.com.br/india-estuda-adotar-criptomoeda-para-economizar-us-90-milhoes-com-impressao-de-dinheiro/, Índia estuda adotar criptomoeda para economizar US$ 90 milhões com impressão de dinheiro, acessado em 09/01/2019

https://www.thehindubusinessline.com/money-and-banking/rbi-shelves-plan-to-launch-digital-currency/article25883102.ece, RBI shelves plan to launch digital currency, acessado em 09/01/2019

https://www1.folha.uol.com.br/colunas/mercadoaberto/2018/10/brasil-tem-o-sexto-maior-mercado-de-trabalho-informal-aponta-levantamento.shtml, Brasil tem o sexto maior mercado de trabalho informal, aponta levantamento, acessado em 09/01/2019

https://g1.globo.com/economia/noticia/2018/12/04/economia-informal--cresce-pelo-4o-ano-seguido-no-pais-e-corresponde-a-169-do-pib-aponta--estudo.ghtml, Economia informal cresce pelo 4º ano seguido no país e corresponde a 16,9% do PIB, aponta estudo, acessado em 09/01/2019
https://www1.folha.uol.com.br/cotidiano/2018/07/novo-cangaco-deixa-cidades-do-sertao-da-ba-sem-dinheiro.shtml, 'Novo Cangaço' deixa cidades do sertão da BA sem dinheiro, acessado em 09/01/2019

https://fidoalliance.org/about/what-is-fido/. FIDO is the World's Largest Ecosystem for Standards-Based, Interoperable Authentication, acessado em 09/01/2019

https://www1.folha.uol.com.br/colunas/ronaldolemos/2018/06/governos-sao-plataformas-tecnologicas.shtml, Governos são plataformas tecnológicas, acessado em 09/01/2019

https://www1.folha.uol.com.br/mercado/2018/12/china-deixa-copia-e-cola--e-busca-lideranca-em-tecnologia.shtml, China deixa cópia e cola e busca liderança em tecnologia, acessado em 09/01/2019

https://finance.yahoo.com/news/google-beating-indian-government-own-070756275.html, Google is beating the Indian government at its own game: UPI, acessado em 09/01/2019

https://seekingalpha.com/article/4159982-worlds-first-central-bank-electronic-money-come-gone-ecuador-2014minus-2018, The World's First Central Bank Electronic Money Has Come - And Gone: Ecuador, 2014-2018, acessado em 09/01/2019

https://www.khaleejtimes.com/news/government/uae-strategy-to-cash-in-on-blockchain-, UAE strategy to cash in on blockchain, acessado em 09/01/2019

https://www.coindesk.com/chinas-central-bank-opens-new-digital-currency-research-institute, China's Central Bank Opens New Digital Currency Research Institute, acessado em 09/01/2019

https://www.ethnews.com/pboc-governor-digital-currency-could-replace-cash-in-china, PBoC Governor: Digital Currency Could Replace Cash In China, acessado em 09/01/2019

https://www.bloomberg.com/news/articles/2018-04-04/banks-rush-to-turn-japan-cashless-ahead-of-looming-tech-rivals, Banks Rush to Turn Japan

Cashless, acessado em 09/01/2019

https://www.coindesk.com/koreas-central-bank-forms-task-force-to-study-cryptocurrency-impact, Korea's Central Bank Forms Task Force to Study Cryptocurrency Impact, acessado em 09/01/2019

https://www.businesswire.com/news/home/20171018006021/en/Indonesia-Takes-Steps-Digital-Fiat-Currency-Solution, Indonesia Takes First Steps Towards a Digital Fiat Currency Solution with eCurrency, acessado em 09/01/2019

https://e-estonia.com/were-planning-launch-estcoin-only-start/, We're planning to launch 'estcoin' – and that's only the start, acessado em 09/01/2019

Anexo

Microservices (Microsserviços)

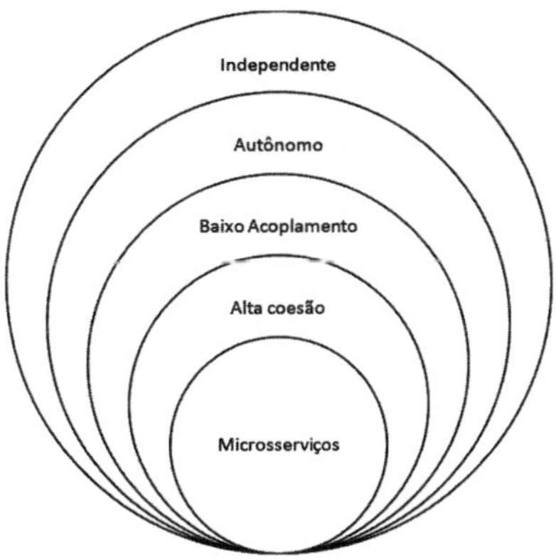

O estilo da arquitetura dos microsserviços é uma variante do Service-Oriented Architecture (SOA), ou seja, a estrutura da aplicação é o resultado da execução orquestrada de um conjunto de serviços autônomos e independentes. Na arquitetura de microsserviços, os serviços são modulares e os protocolos são leves e demandam por poucos recursos computacionais.

O benefício da decomposição de uma aplicação em vários serviços pequenos está relacionado tanto com a melhoria da sua modularidade, como com tornar mais fácil o entendimento, o desenvolvimento e o teste da aplicação.

A decomposição permite o desenvolvimento em paralelo de diversos módulos da aplicação por times autônomos e independentes. Eles desenvolvem, implantam e escalam os serviços. A arquitetura também permite que um serviço em particular seja submetido continuamente ao processo de refatoração. A arquitetura baseada em microsserviços permite a entrega e implantação contínua.

Em outras palavras, a arquitetura de microsserviços permite que cada um dos elementos da funcionalidade seja um serviço separado, simplificando o desenho do software e habilitando a sua escalabilidade tanto pela replicação, como pela distribuição dos serviços em vários servidores.

Em resumo, os microsserviços são componentes de alta coesão, de baixo acoplamento, autônomos e independentes e eles representam um contexto específico de uma aplicação. Eles têm cinco características principais:

- Um microsserviço é escalado com independência
- Um microsserviço é publicado na produção com independência
- Existe baixa interdependência entre os componentes de um microsserviço
- Um microsserviço é fortemente encapsulado
- O escopo de um microsserviço é muito bem definido

Os microsserviços podem ser organizados tanto em contêineres, como em marketplaces. Nos dois casos, o acesso é através de APIs (Application Programming Interfaces) e o desenvolvimento dos microsserviços é contínuo e pode ser direcionado por domínios.

Os desenvolvedores de uma aplicação padrão «Backends for Frontends» criam módulos agregadores que usam os microsserviços para gerar o conteúdo de uma página. Em outras palavras, os agregadores consomem os serviços em rede local e publicam o conteúdo.

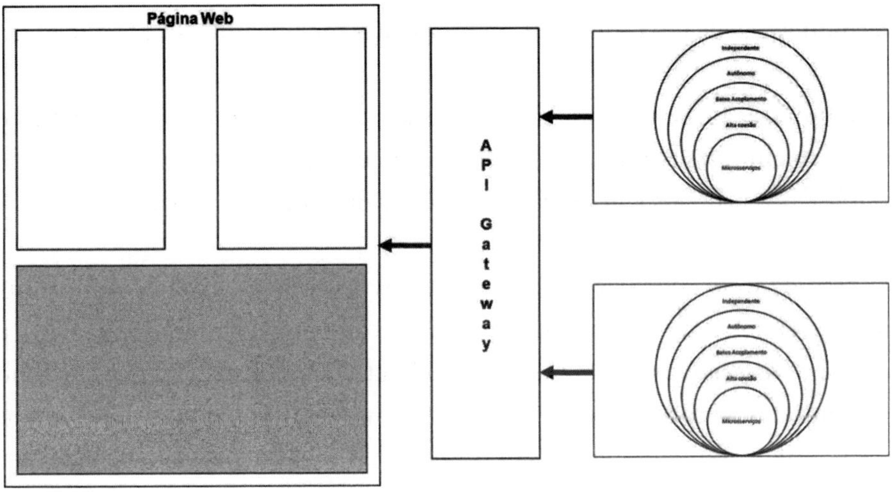

Padrão “Backends for Frontends”

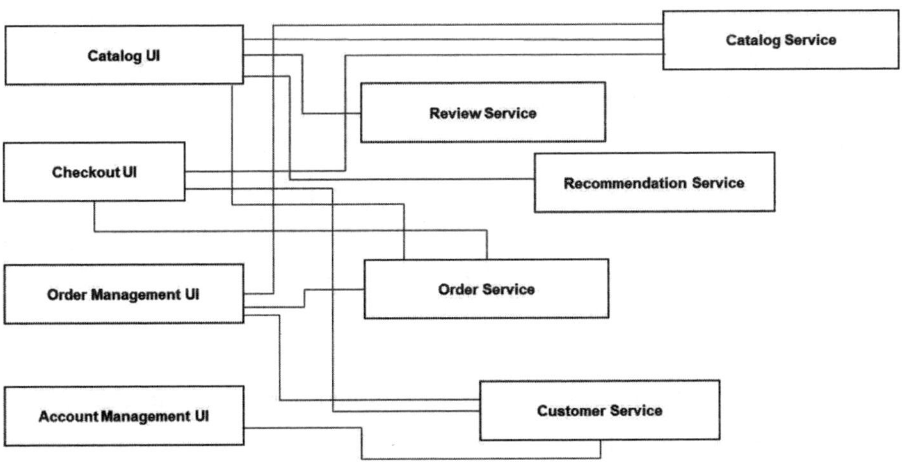

Decomposição de uma aplicação em função das funcionalidades e facilidades

A decomposição de uma aplicação consiste de vários serviços de captura e processamento das entradas dos usuários que implementam diversas partes da interface dos usuários e de múltiplos serviços que acessam os dados.

No caso de uma aplicação de loja virtual, os serviços de captura e processamento das entradas dos usuários incluem o Catalog UI que implementa a busca e navegação dos produtos e o Checkout UI que implementa o carrinho de compras e o processo de conclusão da compra. Os serviços que acessam os dados verificam o estoque, avaliam o crédito do usuário e enviam os produtos para o endereço indicado pelo comprador.

Aplicação Monolítica versus Aplicação baseada em microsserviços

Uma aplicação é considerada monolítica quando todas as suas facilidades e funcionalidades estão dentro de um único processo. A aplicação é escalada pela sua aplicação em vários servidores. As aplicações monolíticas são distribuídas em um grande "pacotão" (em geral arquivo WAR ou EAR). Para alterar um detalhe de um módulo é preciso distribuir todo o "pacotão".
Os microsserviços são componentes autônomos e de baixo acoplamento, ou seja, não precisam ser desenvolvidos na mesma linguagem de programação e não precisam ser processados na mesma plataforma.

A autonomia e independência dos microsserviços significa que eles podem entrar na produção sem a necessidade de recompilar os outros microsserviços ou os seus «clientes». Para assegurar o desacoplamento, os microsserviços são instalados em «hosts» diferentes (máquinas virtuais diferentes, eventualmente pode ser máquina física diferente). Os microsserviços comunicam entre eles e com os seus "clientes" usando mecanismos padrões como HTTP e REST.

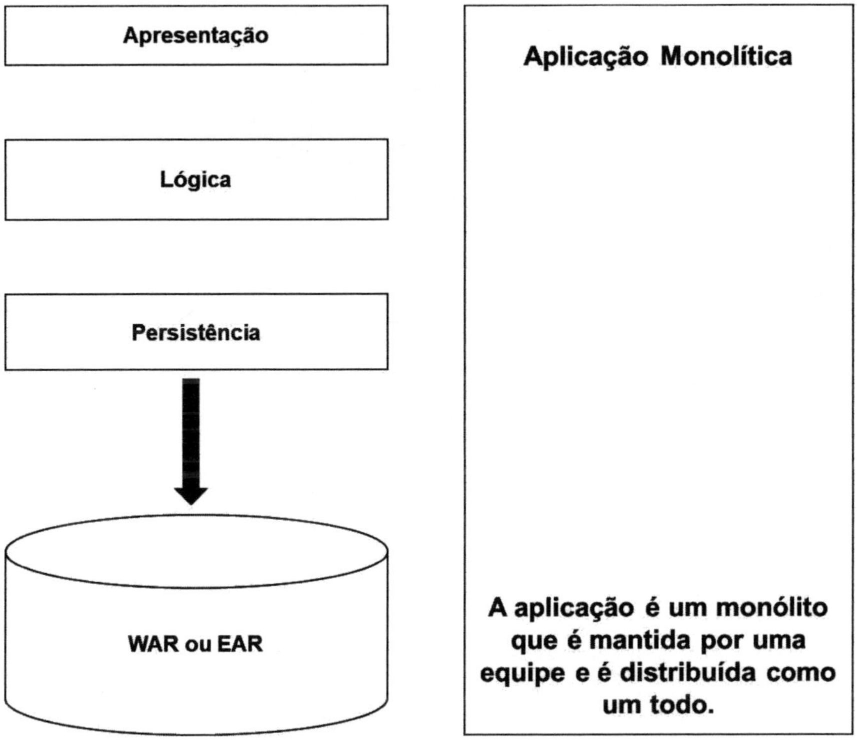
Apresentação
Lógica
Persistência
WAR ou EAR
Aplicação Monolítica
A aplicação é um monólito que é mantida por uma equipe e é distribuída como um todo.

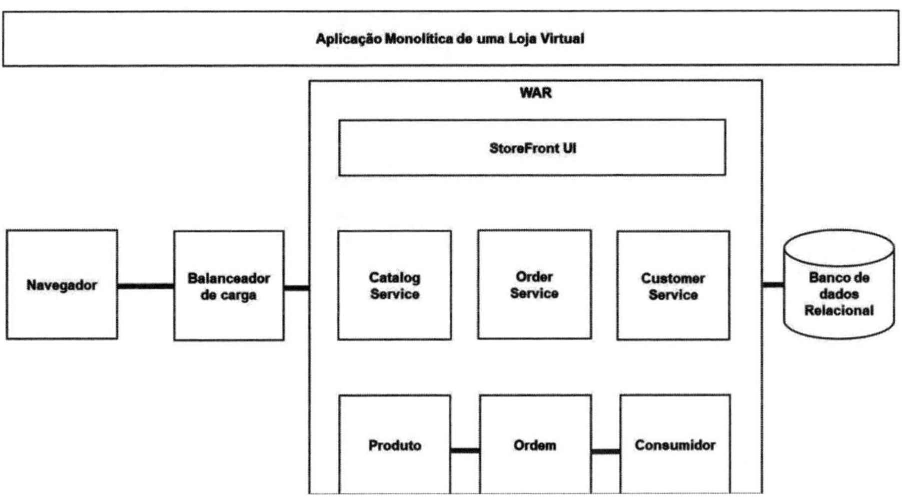
Aplicação Monolítica de uma Loja Virtual
WAR
StoreFront UI
Navegador
Balanceador de carga
Catalog Service
Order Service
Customer Service
Banco de dados Relacional
Produto
Ordem
Consumidor

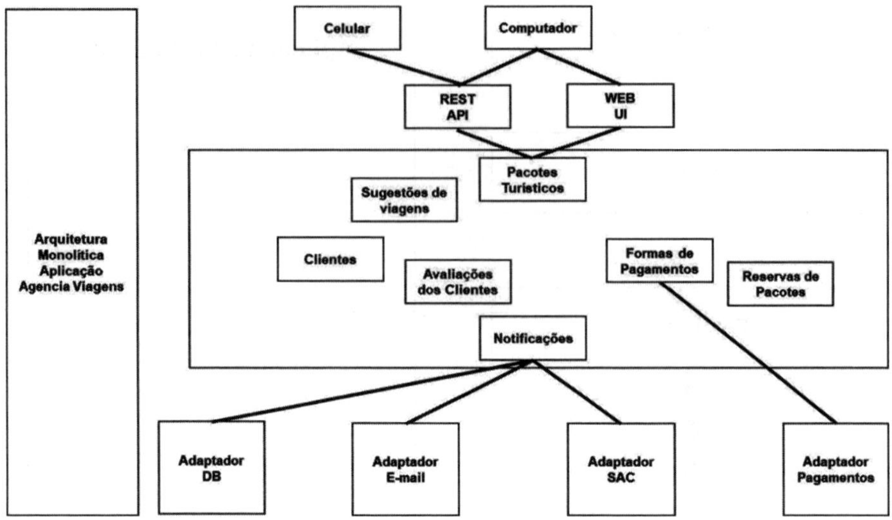
Celular
Computador
REST API
WEB UI
Pacotes Turisticos
Sugestões de viagens
Arquitetura Monolítica Aplicação Agencia Viagens
Clientes
Avaliações dos Clientes
Formas de Pagamentos
Reservas de Pacotes
Notificações
Adaptador DB
Adaptador E-mail
Adaptador SAC
Adaptador Pagamentos

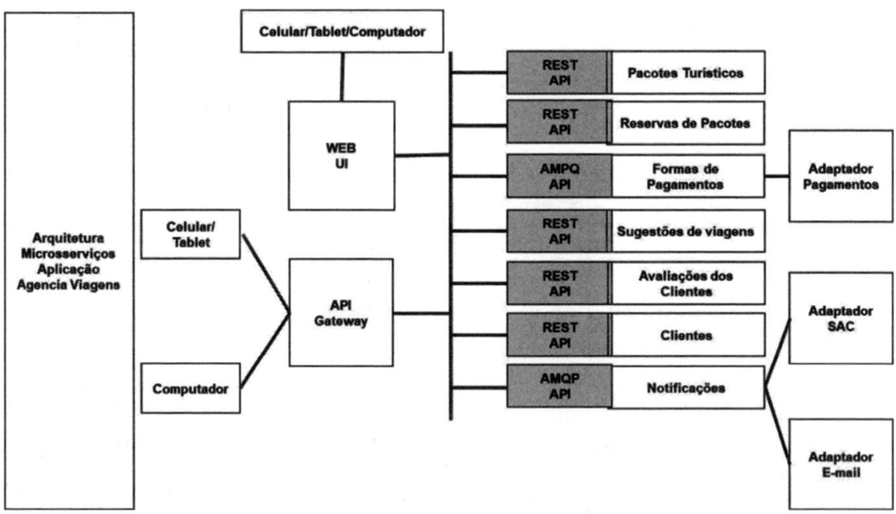
Celular/Tablet/Computador
REST API
Pacotes Turisticos
REST API
Reservas de Pacotes
WEB UI
AMPQ API
Formas de Pagamentos
Adaptador Pagamentos
Arquitetura Microsserviços Aplicação Agencia Viagens
Celular/ Tablet
REST API
Sugestões de viagens
REST API
Avaliações dos Clientes
API Gateway
REST API
Clientes
Adaptador SAC
Computador
AMQP API
Notificações
Adaptador E-mail

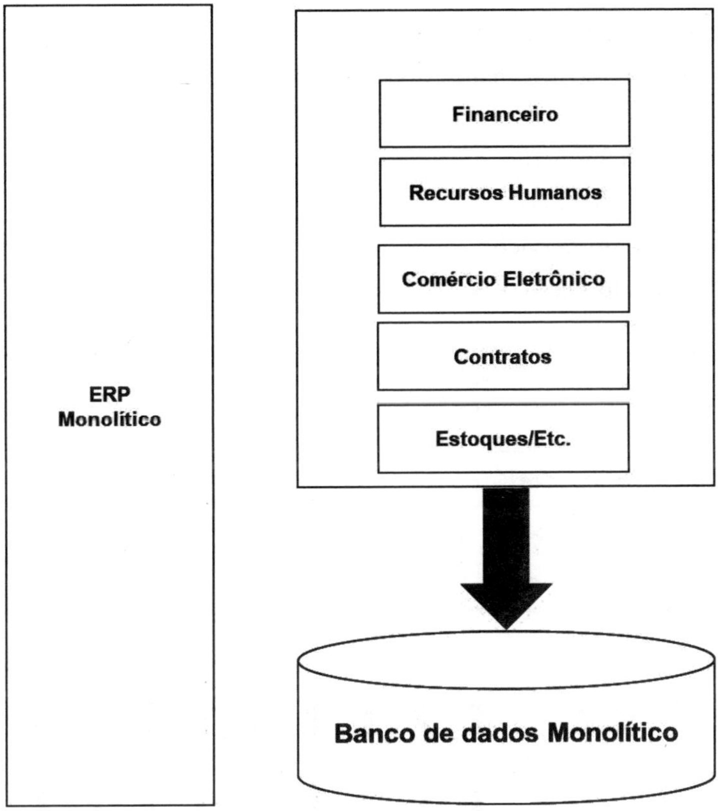
ERP
Monolítico
Financeiro
Recursos Humanos
Comércio Eletrônico
Contratos
Estoques/Etc.
Banco de dados Monolítico

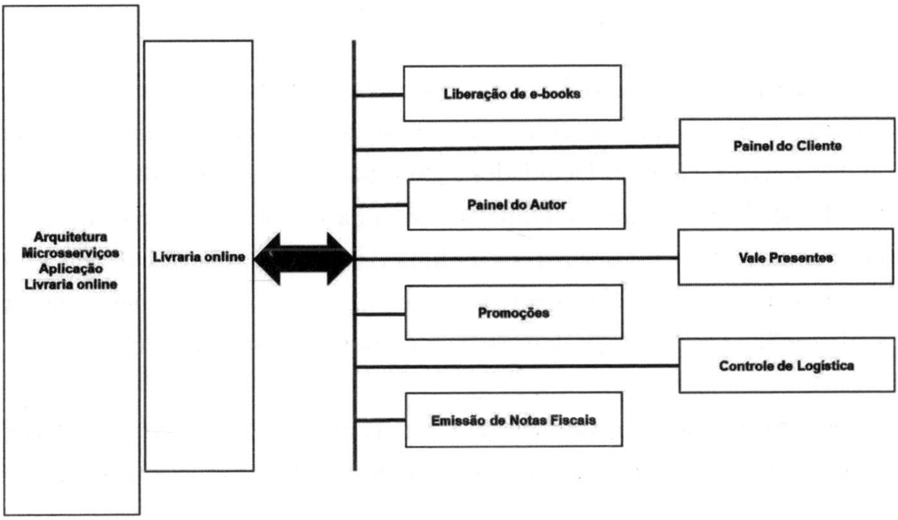
Arquitetura
Microsserviços
Aplicação
Livraria online
Livraria online
Liberação de e-books
Painel do Cliente
Painel do Autor
Vale Presentes
Promoções
Controle de Logística
Emissão de Notas Fiscais

Governança do reuso dos serviços

As quatro etapas da governança do reuso dos serviços são:

- Proposta do Serviço
- Contrato do Serviço
- Construção do Serviço
- Publicação do Serviço

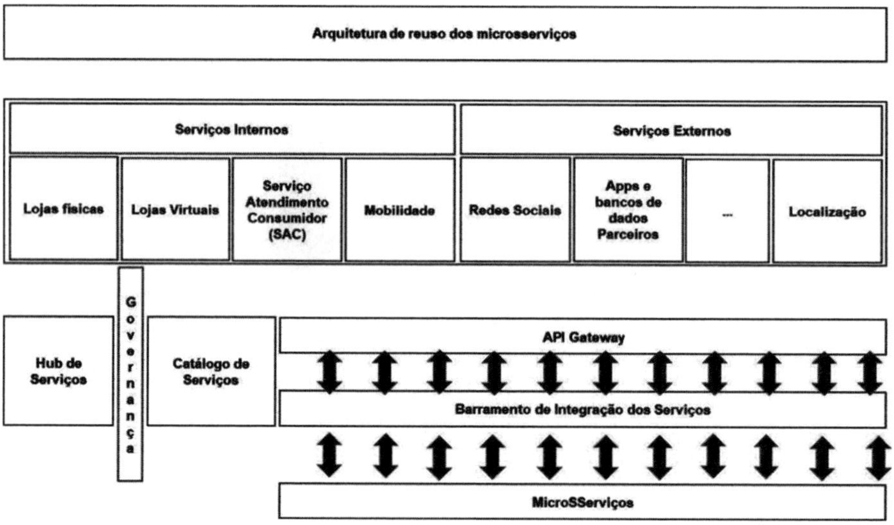

A governança é a responsável pelo processo de utilização de um microsserviço. A adoção de boas práticas e padrões alavancam a capacidade multiplicadora do uso dos serviços. Existem facilidades e garantias de reuso. A multiplicação do uso é da alçada do arquiteto do time que desenha a solução e compartilha o conhecimento com o time que passa a ter uma visão clara das facilidades de reuso dos serviços e artefatos. Os desenvolvedores são os responsáveis pela construção do serviço e pela sua catalogação sob o ponto de vista da visão técnica.

A monitoração dos microsserviços é realizada através das análises de triagem assistida que avaliam as tendências de comportamento futuro e desempenho atual das aplicações. A solução dos problemas encontrados é executada através da redefinição dos atributos dos componentes das aplicações considerando o resultado da análise diferencial da navegação dos problemas ao longo do ciclo de vida dos microsserviços.

Benefícios dos microsserviços

O desenvolvimento de aplicações baseadas em microsserviços permite a conquista de forte ganho da competitividade corporativa na era do conhecimento, por causa da redução das indisponibilidades dos serviços para um patamar mínimo, pois a manutenção dos microsserviços é realizada individualmente com prazo de interrupção mínimo.

Tanto a correção dos erros, como a atualização com inclusão de novas facilidades e funcionalidades nos códigos dos microsserviços é realizada facilmente sem maiores impactos nas aplicações.

As características de autonomia, independência, desacoplamento e elevada coesão permitem que cada um dos microsserviços que forma a aplicação, seja desenvolvido em uma linguagem de programação diferente e seja instalado em uma máquina virtual ou física independente.
Em outras palavras, os microsserviços podem ser publicados na produção sem que os outros microsserviços ou seus «clientes» sejam recompilados. O ambiente de produção é extremamente flexível nesta arquitetura e pode ser rapidamente adaptado para responder às mudanças do mercado.

O tamanho das equipes para a manutenção e atualização dos microsserviços é pequeno. Este ambiente estimula a criação de um marketplace de componentes que reduz os custos e o prazo de desenvolvimento dos aplicativos.

O fato do mesmo pacote permeando o ambiente de desenvolvimento, testes e produção reduz o nível de incertezas e aumenta a confiabilidade da aplicação, pois o ciclo final é o teste integrado seguido da homologação. A virtualização dos serviços usada no ambiente de desenvolvimento e testes integrados simula o Hub de Serviços, permitindo assim as regressões ágeis.

Os microsserviços ajudam a resolver o problema de muitas empresas de falta de inovação, pois a plataforma digital habilita o modelo de negócio de colaboração e formação de comunidade. O formato de desenvolvimento onde os aplicativos usam os microsserviços publicados em um marketplace de componentes gere um ciclo contínuo de otimização dos custos.

Em 2017, para cada dólar investido em uma nova aplicação são gastos sete dólares na sua manutenção e atualização. Os microsserviços permitem o compartilhamento dos componentes por toda comunidade e com isto reduzem dramaticamente os custos.

O reuso dos componentes permite tanto a redução do tempo para o mercado, como a diminuição da ineficiência operacional, pois as aplicações são desenvolvidas em uma velocidade incrivelmente maior. Reusar componentes e microsserviços publicados em um marketplace significa na prática, reduzir uma grande parte do tempo gasto no desenvolvimento e teste de um componente. Muita agilidade é conquistada com o reuso dos componentes publicados pela comunidade.

Inovação

Até a popularização dos microsserviços, era comum encontrar nas corporações, a estratégia de maximizar o retorno do investimento no desenvolvimento de aplicações pela estruturação dos projetos de software utilizando: (i) uma única mesma metodologia de trabalho imposta pelo escritório de projetos, (ii) uma ou duas linguagens de programação para facilitar a contração e retenção da mão de obra de desenvolvedores e (iii) uma ou duas ferramentas de desenvolvimento para maximizar a sua utilização.

Em resumo, os projetos de desenvolvimento de softwares eram direcionados por recursos que foram escolhidos por uma ou duas pessoas no passado. Os desenvolvedores que ousaram divergir destas imposições tinham que apresentar justificativas bastante sólidas e robustas.

Nos grandes projetos de software, a forma adotada para evitar a fragmentação do desenvolvimento era impor que cada mudança ocorrida na estrutura dos recursos fosse propagada para todo o projeto.

Em outras palavras, as mudanças ficaram ao longo do ciclo de vida da aplicação cada vez mais caras e complexas, por causa da grande dificuldade da adoção de uma nova e moderna ferramenta de trabalho ou tecnologia.

É fácil perceber que o caminho adotado para o desenvolvimento de software estava em oposição em relação às necessidades de inovação de negócio. O grande desafio da organização de tecnologia era encontrar um espaço para inovação dentro de um projeto.

Nos poucos casos, onde existiam inovações em relação às ferramentas de desenvolvimento de aplicações, elas existiam apenas nos novos projetos. A necessidade de gerar inovações de negócio nos projetos existentes simplesmente não era atendida.

Nos grandes e custosos projetos onde a inovação de negócio ao longo do ciclo de vida é um fator crítico existia quase nenhum espaço para a geração de novos produtos, funcionalidades e inovações. Nestes casos, a tendência das corporações era tornar o produto estável ao longo do ciclo de vida sem inovações.

Qualquer necessidade de mudança nas melhores práticas que geravam um ambiente de desenvolvimento engessado impactava sobremaneira as pessoas do time e a evolução do projeto. Os controles manuais ou automatizados eram rigorosos e exigiam uma documentação extensiva.

Como consequência da falta de flexibilidade, muitos projetos ficaram insustentáveis ao longo do tempo. O rigor dos controles fez com que vários projetos que deveriam ser abortados fossem arrastados por diversos anos, pois eram raros os profissionais que conseguiam enxergar que os custos ocultos inviabilizaram a iniciativa.

A proposta de microsserviços é simples e radical. Era evitar os problemas tradicionais dos grandes projetos através de pequenos projetos independentes realizados por poucas pessoas. Cada um dos projetos tem a sua organização, agenda, base de código e base de dados. A integração entre os projetos é feita através dos serviços.

A arquitetura baseada em microsserviços tem pequenos projetos independentes, com times dedicados desenvolvendo o seu código-fonte e base de dados. O desmembramento dos grandes projetos pode ser, por exemplo, orientado por unidade de negócio com agrupamento por serviços e bases de dados fortemente conectadas, mas independentes. O time responsável pela unidade de negócio é independente. Ele é também responsável pela publicação das aplicações.

Todos os projetos bem-sucedidos têm a tendência natural de crescimento vegetativo ao longo do seu ciclo de vida pela adição de novas funcionalidades ou facilidades ou pela sua atualização com extensão das suas funções.

É raro encontrar o caso onde a atualização eliminou do software alguma funcionalidade ou facilidade. Isto significa que o ciclo de vida leva o projeto invariavelmente para o caminho de aumento da complexidade, por causa do crescimento da quantidade de código.

A explicação para este fenômeno é o crescimento da interdependência entre os elementos estruturais do sistema. O aumento da complexidade impacta negativamente a escalabilidade e confiabilidade da aplicação.

A adição de novas funcionalidades e facilidades durante o ciclo de vida do software torna o seu desenvolvimento, manutenção e operação cada vez mais complexo, pois os vários blocos da arquitetura do sistema têm uma quantidade maior de interações. A quantidade de interações cresce exponencialmente em função da quantidade de elementos do sistema.

Em outras palavras ao longo do tempo sempre existirá alguma funcionalidade ou facilidade ou patch específico que tornará a arquitetura do sistema mais obscura independentemente do nível de disciplina dos programadores e do nível de organização do código em camadas ou componentes. Ou seja, após algum tempo é impossível ter uma visão global do modelo do projeto.

Como consequência, ocorre uma multiplicação exponencial dos efeitos colaterais a cada mudança inserida no sistema (mesmo nos casos onde o conjunto de testes é robusto e sólido). O software passa a ter comportamento instável, dificultando ainda mais a inserção de novas funcionalidades, facilidades e a sua Refatoração (Refactoring - processo de modificar um software para melhorar a estrutura interna do seu código sem alterar o seu comportamento externo).

A escalabilidade horizontal, ou seja, inclusão de novas funcionalidades e facilidades pode exigir que sejam realizadas modificações estruturais no projeto ao longo do seu ciclo de vida. Quanto maior for o projeto, maior é o custo e risco das modificações. Na maioria dos casos dos sistemas monolíticos, na metade do seu ciclo de vida é economicamente inviável evoluir as funcionalidades e facilidades existentes (escalabilidade vertical) ou adicionar novas funcionalidades e facilidades (escalabilidade horizontal) no sistema.

No meu livro "Governança Avançada de TI na Prática" (Editora Brasport, 2009) eu afirmei que o problema da escalabilidade horizontal e vertical poderia ser resolvido pelas ferramentas de "Function Description" e "Code Description". Na época, os sistemas eram monolíticos. O desenvolvimento de uma aplicação baseada na arquitetura de microsserviços abriu uma nova fronteira para os programadores.

Com os microsserviços é possível selecionar no marketplace de componentes todas as funcionalidades e facilidades desejadas para o sistema. Não existe mais o problema da escalabilidade horizontal e da elevada complexidade por causa do crescimento da interdependência entre os elementos estruturais do sistema. Para adicionar ou eliminar uma funcionalidade ou facilidade basta ligar ou desligar o microsserviço correspondente.

Não é preciso sequer recompilar todo o pacote da aplicação. É uma mudança de paradigma para o desenvolvimento que é incrível. O custo de desenvolvimento, manutenção e operação cai dramaticamente. O prazo para o desenvolvimento e entrada na produção é muito menor com os microsserviços.

No caso da escalabilidade vertical, onde é necessário aprofundar e estender uma funcionalidade ou facilidade, o programador só precisa desenvolver a nova extensão e profundidade da facilidade ou funcionalidade e publicar o microsserviço no marketplace de componentes. Não é preciso recompilar a aplicação.

As novas necessidades dos usuários decorrentes da utilização do software durante o seu ciclo de vida, podem, com os microsserviços, ser atendidas em um prazo muito curto, com elevada confiabilidade e baixo custo por causa do reuso dos recursos.

Bibliografia

http://cio.com.br/tecnologia/2017/06/20/sete-razoes-para-mudar-para-microservicos/, Sete razões para mudar para microsserviços, acessado em 25/07/2017

http://blog.octo.com/pt-br/microservices-apos-o-hype-01/, Microservices após o hype – O que é? Qual a motivação? E eu realmente preciso disso?, acessado em 25/07/2017

http://blog.caelum.com.br/arquitetura-de-microservicos-ou-monolitica/, Arquitetura de microsserviços ou monolítica?, acessado em 25/07/2017

http://www.obomprogramador.com/2015/03/micro-servicos-o-que-sao-e-para-que.html?m=1, Microsserviços: O que são é, para que servem?, acessado em 25/07/2017

https://pt.slideshare.net/frosato/vantagens-e-desvantagens-de-uma-arquitetura-microservices, Vantagens e desvantagens de uma arquitetura microservices, acessado em 25/07/2017

https://www.infoq.com/articles/microservices-intro, Microservices: Decomposing Applications for Deployability and Scalability, acessado em 25/07/2017

Impressão e acabamento
Gráfica da Editora Ciência Moderna Ltda.
Tel: (21) 2201-6662